INSTITUT DE FRANCE

ACADÉMIE DES SCIENCES MORALES ET POLITIQUES

LA SOLIDARITÉ SOCIALE

SES NOUVELLES FORMULES,
Par M. Eugène D'EICHTHAL

LA SOLIDARITÉ SOCIALE COMME PRINCIPE DES LOIS,
Par M. Charles BRUNOT

OBSERVATIONS

PAR

MM. Frédéric PASSY, Paul LEROY-BEAULIEU,
LEVASSEUR, Albert SOREL, JUGLAR, BOUTROUX,
CHEYSSON, Eugène ROSTAND,
DE TARDE, GLASSON et René STOURM,

Membres de l'Académie

PARIS

ALPHONSE PICARD ET FILS, ÉDITEURS
82, RUE BONAPARTE, 82

1903

EXTRAIT DU COMPTE RENDU

De l'Académie des sciences morales et politiques

(INSTITUT DE FRANCE)

Par MM. Henry VERGÉ et P. de BOUTAREL

Sous la direction de M. le Secrétaire perpétuel de l'Académie.

LA SOLIDARITÉ SOCIALE

ET SES NOUVELLES FORMULES

« Le mot de solidarité que les hommes qui ont dépassé la cinquantaine n'entendaient jamais prononcer dans leur enfance, est aujourd'hui l'un de ceux qui reviennent le plus souvent sous la plume ou sur les lèvres des moralistes et des politiques ». Ainsi s'exprime M. Alfred Croiset, dans la préface d'un recueil de conférences et de discussions qui ont eu lieu récemment au sujet de la solidarité (1), fournissant une preuve de plus de l'intérêt qui se porte sur les idées que ce mot représente : et en effet n'est-il pas à l'ordre du jour permanent des assemblées et des écoles, de la presse et des congrès philanthropiques, des réunions d'assistance ou d'assurance mutuelles? — A sa première observation si juste, M. Croiset en ajoute une autre qui n'est pas moins exacte : « Tout le monde emploie le mot, écrit-il, et à force de l'employer, on oublie volontiers de se demander ce qu'il signifie. Or, si l'on y regarde, on s'aperçoit qu'il s'applique à des choses fort différentes ».

C'est ce qui arrive pour beaucoup de mots à la mode. Mais

(1) A l'*Ecole des Hautes Etudes sociales* : le recueil a paru sous le titre : *Essai d'une philosophie de la solidarité* : Alcan, 1902. Chaque conférencier, est-il besoin de le dire, a gardé son indépendance et la responsabilité de ses idées. — Voir aussi le volume *Solidarité* de M. Léon Bourgeois, 3e édit., 1902, qui contient les discussions du *Congrès d'Education sociale* sur ce sujet.

ici, la divergence d'idées entre les personnes qui font usage du même vocable, bien que dissimulée souvent sous un même courant de philanthropie généreuse, peut, au point de vue des conséquences sociales, être plus grave qu'ailleurs.

Ces personnes pourraient dire, pour leur excuse, que le mot a, dans son passé même, subi pas mal de variations de signification.

A l'origine, *solidairement*, puis *solidaire*, sont, tout le monde le sait, des termes de droit. En langue juridique, et dérivés du latin *solidus* qui a donné l'expression *in solidum* (pour le tout), dès le XVIᵉ siècle (1), et depuis, dans nos Codes, ils s'appliquent à l'obligation collective des débiteurs vis-à-vis d'un créancier, chacun répondant pour tous. Le substantif *solidarité*, dans ce sens, n'est admis par le dictionnaire de l'Académie française qu'en 1788.

Cependant, dès le XVIIIᵉ siècle, *solidaire* et *solidairement* s'emploient dans un sens dérivé et pour ainsi dire élargi, pour désigner non plus une dette collective proprement dite, mais un lien de dépendance mutuelle, d'un caractère moins rigoureusement déterminé, entre deux ou plusieurs personnes, ou entre deux ou plusieurs objets. Voltaire écrit (dans son article *Jésuites* du *Dictionnaire philosophique*) : « Dès lors (depuis que Henri IV prit un jésuite pour confesseur), chaque frère jésuite se crut solidairement confesseur du roi ». Plus tard, Chateaubriand dira, dans le *Génie du Christianisme* : « Nos fautes rejaillissent sur nos fils, nous sommes tous solidaires ». Entre temps, l'expression est passée dans le langage scientifique et s'applique spécialement à la physiologie. « La solidarité organique est, dit Littré, la relation nécessaire d'un acte de l'économie avec tel ou tel autre acte différent ». Relation nécessaire, mais

____

(1) Ces mots ne figurent pas dans le dictionnaire de Godefroy qui va jusqu'au XVᵉ siècle.

qui n'est plus déterminée d'avance dans ses effets, telle que la co-responsabilité totale que le mot juridique appliquait à deux ou plusieurs personnes.

Dans son sens étendu, économistes, publicistes, philanthropes et sociologues, se sont successivement servis du mot *solidarité*. J.-B. Say dit exceptionnellement « qu'il existe entre les hommes une espèce de solidarité ». Au milieu du xix° siècle, le mot est entré dans la grande circulation par les écrivains philanthropes (1). Pierre Leroux, dans son *Humanité*, trace le tableau « de la véritable charité ou solidarité mutuelle (p. 207) ». — « La diversité des organisations est une preuve de la solidarité qui unit les hommes », écrit Thoré. On trouve également, à plusieurs reprises, le mot dans Proudhon. Bastiat l'inscrit en toutes lettres en tête d'un chapitre, non terminé d'ailleurs, et assez confus, de ses *Harmonies économiques*, et la nomme « une sorte de responsabilité collective ». C'est Baudrillart qui a, je crois, créé l'expression de « solidarité économique », par laquelle il vise « l'échange, la sociabilité en action, la solidarité humaine rendue visible et palpable » (2).

Les sociologues, dans leurs volumineux écrits contemporains, ont surtout repris à la physiologie et à la biologie la solidarité, et l'ont interprétée dans le sens d'une interdépendance étroite des différents éléments sociaux, et cela non seulement dans le temps, mais dans l'espace. Non seulement, suivant une expression ingénieuse, l'humanité a cessé d'être considérée comme « un archipel d'îles ayant chacune son

____

(1) Les Saint-Simoniens et Fourier, qui ont émis beaucoup d'idées rentrant dans la *Solidarité* d'aujourd'hui, ne paraissent pas avoir employé le mot. Ils usent d'équivalents ou de périphrases : association, harmonie des intérêts, fédération, coopération, garantisme (Fourier), etc.

(2) *Etudes de philosophie morale et d'économie politique* (1858). — La *Solidarité républicaine* a été en 1848 une société politique. Les *Solidaires* belges furent une association de libres-penseurs.

Robinson » ; mais allant beaucoup plus loin que la réalité des faits, on a voulu l'assimiler à un véritable organisme vivant, dont les individus n'auraient plus constitué que les molécules ou les cellules, se déduisant les unes des autres par hérédité et se commandant les unes les autres par une sorte de circulation commune. Jusqu'où on a poussé les analogies physiologiques dans la voie de l'*organicisme*, jusqu'à quelles fantaisies métaphoriques et presque comiques certaine sociologie s'est laissée glisser, ce n'est pas ici le lieu de le rappeler. Peu à peu une réaction s'est produite. Les différences entre la collectivité humaine et une colonie ou un tissu animal ont été rappelées et mises en relief (1). On a insisté sur le fait que, si l'indépendance outrée de l'individu, chère au XVIIIᵉ siècle, devait faire place à une vue plus juste de l'interdépendance sociale, il y avait cependant dans cette interdépendance un fait irréductible, qui est la conscience individuelle, et, par suite, l'individu lui-même : de sorte, qu'appliquée aux personnes humaines, l'image de l'archipel reste assez juste, pourvu qu'on suppose entre les îles de cet archipel non plus le « splendide isolement » britannique, mais des communications nombreuses, de puissants courants d'imitation ou de contagion, et même des ponts ou des isthmes plus ou moins visibles ou sous-marins, mais permanents et multipliés : ce qui fait de chaque Robinson un vivant largement influencé, et, comme on dit, agi par les autres Robinsons, aussi bien par ceux du passé dont il tient la vie ou a hérité l'outillage social (tel était d'ailleurs le cas du héros de Daniel de Foë), que par ceux du présent, avec lesquels il est en communication physique ou morale perpétuelle. Considérée de ce point de vue, la solidarité qui existe entre tous les hommes passés, présents ou futurs est

____

(1) M. G. Tarde a été un des plus brillants adversaires de l'*organicisme*. Il faudrait souvent rappeler aux *organicistes* le conseil de Marguerite de Navarre à l'évêque de Meaux, Briçonnet ; « *Démétaphorisez-vous !* »

incontestable : mais elle n'a plus la rigueur d'une solidarité physiologique immuable dans ses enchaînements et fatale dans ses conséquences ; et encore moins la rigueur de la solidarité au sens juridique.

II

C'est cependant vers cette dernière forme de solidarité, que, reprenant le sens primitif et juridique du mot, et probablement entraînés, jusqu'à un certain point à leur insu, par ce sens primitif, quelques esprits veulent aujourd'hui revenir pour y chercher la base d'une règle sociale, le fondement d'un système de justice parmi les hommes. « La doctrine solidariste — car nous avons vu naître *solidariste* et *solidarisme* qui ne déparent pas encore nos dictionnaires, mais qui y figureront bientôt, — la doctrine solidariste, née d'hier à peine, lit-on à l'article *Solidarité* de la nouvelle *Grande Encyclopédie,* est déjà maîtresse de son but, de ses procédés de recherche et de raisonnement. Elle a constitué un système scientifique, fondé un droit et une morale en harmonie avec l'esprit moderne et les aspirations de la société actuelle. » En quoi consistent ce système scientifique, ce droit et cette morale — bien grands mots pour une école naissante, — et comment ont-ils été déduits de la solidarité? Il faut le rechercher à travers une suite d'arguments assez subtils et enchevêtrés.

Toute construction d'un système social *à priori* a besoin comme point de départ d'un postulat. Ici le postulat, tout d'abord posé et admis sans discussion, est que l'établissement de la justice constitue l'objet suprême de la société humaine. « Quand nous nous demandons, écrit l'un des plus brillants protagonistes de la doctrine solidariste, M. Léon Bourgeois, dans le recueil cité en tête de cette étude, quelles sont les conditions auxquelles doit satisfaire une société humaine pour se maintenir en équilibre, nous sommes conduits à reconnaître qu'il n'y a qu'un mot qui les puisse exprimer : « *Il faut que la justice soit !* »

Mais sous quelle forme apercevrons-nous cette justice ? On doit la définir dans les conditions réelles de la solidarité de fait qui constitue la société entre les hommes. « Si ceux-ci, continue l'écrivain, étaient des êtres entièrement libres, capables de se suffire à eux-mêmes, du moment qu'ils n'entraveraient pas la liberté des autres, le droit de ces derniers serait respecté et le devoir des premiers accompli, donc la justice réalisée. » Mais l'idée, sinon nouvelle, du-moins rajeunie par la science et la sociologie, de la solidarité biologique, a changé la position de la question. En effet la sociologie ne nous permet plus l'ancienne notion de la liberté des individus. Les hommes ne sont pas libres les uns à l'égard des autres. « Ils sont liés entre eux par une association nécessaire, *antérieure à leur naissance*, et dont il ne leur est pas loisible de se dégager, car s'ils en sortaient, il leur serait désormais impossible de vivre. » C'est là l'interdépendance de fait, et qui existe aussi bien entre les hommes qu'entre les membres d'un même groupe organique quelconque. Mais dans cette interdépendance reconnue de tous, les hommes apportent leur pensée d'hommes et par suite leur sens de la justice. Dans la solidarité de fait qui est la loi commune, chacun, de par son sens intime de la justice, ne peut trouver cette justice réalisée pour soi que s'il est traité comme une valeur sociale égale aux autres, et s'il rencontre dans l'échange social une équivalence de services.

La solidarité naturelle ne lui procure ni l'une ni l'autre de ces conditions nécessaires à la satisfaction de son besoin de justice. Elle est le triomphe des forts, des plus avantagés de la vie. Il n'y a pas de morale ni d'équité dans l'interdépendance universelle qui nous accable de ses influences malignes aussi bien qu'elle nous transmet ses bienfaits, qui nous menace, par exemple, de la contagion autant qu'elle nous fait jouir de la sociabilité. La justice ne naît que lorsque les hommes sentent dans l'ordre général et veulent, en ce qui dépend d'eux, redresser les injustices de la solidarité naturelle. — Mais comment les redresser? Ici on revient par un détour imprévu au sens ancien du mot *solidaire*. On observe que dans l'association humaine, résultat de la solidarité de fait, chacun profite du fonds traditionnel et séculaire accumulé par les ancêtres. Une chaîne continue d'initiatives, d'efforts, d'inventions et de créations nous relie à nos aïeux. Nous ne serions rien sans eux. C'est par eux, à tous les titres, que nous vivons. Nous avons beaucoup reçu d'eux, et reçu gratuitement: donc nous sommes leurs débiteurs. Chacun de nous nait débiteur. Dans quelles conditions et dans quelles proportions? Nous le verrons plus tard. Pour le moment tenons-nous-en au principe. Le principe est que l'homme n'est pas libre de la totalité de son être puisqu'il a contracté une dette en naissant. « La situation de l'individu social réel diffère autant, écrit-on, de celle de l'homme complètement libre que diffère au point de vue juridique la situation d'une personne qui ne s'est engagée à rien envers qui que ce soit, qui agit dans la plénitude de sa liberté, et celle d'une personne qui a contracté, qui a formé avec d'autres une association. »

Le raisonnement contient une contradiction qui de suite frappe les yeux et l'esprit. Les hommes, dit-on, sont liés par une *association antérieure à leur naissance* et dont ils ne se peuvent dégager : puis quelques lignes plus bas, on les assimile à des personnes ayant *contracté*, ayant formé une association avec d'autres. Quel rapport y a-t-il entre les deux situations, l'une *de fait* qui constitue une dépendance naturelle et imposée, l'autre *de droit* qui constitue une obligation juridique résultant d'un accord libre, ce qui est la définition même du *contrat?* Par la première constatation on affirme la solidarité naturelle et de fait que personne ne nie : par la seconde on veut transformer cette solidarité naturelle et de fait en solidarité contractuelle : mais on omet une seule chose : démontrer l'existence du contrat.

C'est un peu l'analogue de Rousseau et de son *contrat social* : mais Rousseau, ayant posé l'idée du contrat, suit son hypothèse jusqu'au bout. Ici au contraire, on recule. On s'aperçoit que la définition qui a été donnée d'une « association antérieure à leur naissance » exclut pour les hommes l'idée d'un contrat proprement dit. On reconnaît qu'en fait il n'y a pas eu de consentement préalable entre les humains : qu'il n'a pas pu y en avoir et que ce serait un roman à la Rousseau de supposer qu'il y en a eu un. Mais dit-on, un contrat formel est-il nécessaire ? Si le consentement des individus n'a pas présidé à la formation des sociétés, ne peut-on affirmer que ce consentement préside à leur maintien ? Et ne suffit-il pas qu'il intervienne même après coup, même tacitement, pour qu'on puisse dire qu'il existe entre tous les membres d'une société « ce que le droit civil a depuis longtemps désigné sous le nom de *quasi-contrat ?* » Or un quasi-contrat impose à chacune des parties des obligations qui ne peuvent être autres qu'une représentation et une interprétation de l'accord qui eût dû s'établir préalablement entre eux si elles avaient pu être librement consultées. La présomption du consentement qu'auraient donné les volontés libres et égales sera le fondement du droit : et ce droit, l'État sera là pour le sanctionner.

C'est ici, il faut l'avouer, une bien discutable extension du sens du « quasi-contrat. » En l'absence d'un contrat formel, le Code civil (art. 1370-1371) stipule que certains actes *volontaires* émanant d'une seule personne peuvent entraîner pour elle des obligations envers une autre personne, et quelquefois un engagement réciproque des deux parties. « Les quasi-contrats, dit l'art. 1371, sont les faits purement volontaires de l'homme dont il résulte un engagement quelconque envers un tiers et quelquefois un engagement réciproque des deux parties ».

M. L. Bourgeois cite d'ailleurs incomplètement l'article 1370 dans ces termes : « Certains engagements se forment sans qu'il intervienne aucune convention, ni de la part de celui qui s'oblige, ni de la part de celui envers lequel il est obligé ;... les uns... sont les engagements formés involontairement, tels que ceux entre propriétaires voisins, ceux des tuteurs ... » Le véritable texte du Code ajoute à la suite du premier paragraphe cité par M. Bourgeois, ces mots : « Les uns résultent de l'autorité seule de la loi ; les autres naissent d'un fait personnel à celui qui se trouve obligé.

« Les premiers (c'est-à-dire ceux résultant de l'autorité seule de la loi), sont les engagements formés involontairement tels que ceux entre les propriétaires voisins, ceux des tuteurs. Les engagements qui naissent d'un fait personnel à celui qui se trouve obligé, résultent ou des quasi-contrats, ou des délits ou quasi-délits. » On voit que les engagements involontaires dont parle M. Bourgeois, ne sont pas considérés par le Code comme résultant des quasi-contrats, mais comme des engagements résultant de l'autorité seule de la loi.

Le Code traite spécialement, on le sait, au sujet des quasi-contrats, du cas de la gestion volontaire d'un bien d'autrui sans mandat, et qui impose à celui qui gère et à celui dont le bien est géré certains devoirs. Des commentateurs citent d'autres cas de quasi-contrats : la procréation des enfants, le maintien de l'état d'indivision entre co-propriétaires, qui supposent l'une un acte, l'autre une abstention *volontaire*, d'une au moins des parties.

Donc on peut affirmer que les pères sont obligés vis à-vis de leurs descendants ; mais la réciproque, en partant de ce principe, est p'us malaisée à établir. — Quant au cas du maintien de l'indivision, il ne s'applique pas à l'état social, où le choix n'existe point, et il est illégitime d'en déduire un quasi-contrat.

D'ailleurs ce premier pas fait hors de ce que permet une saine argumentation, quel parti tire-t-on pratiquement de ce soi-disant quasi-contrat au point de vue de la justice sociale? Il consiste tout d'abord, dit-on, à ce que les hommes reconnaissent qu'en naissant ils sont débiteurs. Vis-à-vis de qui ? Nous venons de le voir: de leurs ancêtres qui leur ont légué, en premier lieu, l'existence, puis un ensemble de civilisation, un outillage de production intellectuelle et industrielle, sans lesquels ils ne pourraient pas vivre, ou leur vie serait misérable. Or la justice exige qu'on paye ses dettes Mais payer à des morts et sans savoir à quels morts, ni sous quelle forme, c'est malaisé, et il n'y aurait là aucune réalisation de justice. Alors on a l'idée de substituer comme créanciers les vivants aux morts, et à nos aïeux plus ou moins lointains et intangibles, nos contemporains. On observe que la dette des vivants vis-à-vis des morts est très inégale. Les uns ont reçu beaucoup d'avantages sociaux, les autres peu. Ceux-ci ont été favorisés par l'héritage, par l'éducation, par la situation de leurs parents. Ceux-là sont dénués de patrimoine, d'instruction, d'aide matérielle et intellectuelle de tout genre. Eh bien ! la justice exige que la compensation se fasse. La dette que nous ne pouvons pas acquitter aux ancêtres puisqu'ils ne sont plus là pour la toucher, payons-la à leurs descendants, et en raison inverse de ce qu'ils ont reçu en naissant. « Envers qui sommes-nous obligés ? écrit M. Léon Bourgeois : envers le passé,... Mais le trésor amassé par l'effort commun des générations éteintes, ce sont tous nos contemporains qui ont un droit égal à en profiter. Et si certains d'entre nous, comme cela a lieu dans la réalité, sont empêchés d'en tirer parti, si d'autres en bénéficient d'une manière surabondante, ne suis-je pas fondé à dire qu'il y a un redressement de compte à opérer, que chacun est débiteur ou créancier de naissance, qu'il faut refaire son compte social..., que les uns doivent rendre, doivent payer, et que les autres doivent recevoir ? »

La forme « de redressement de compte » qu'on donne ainsi à la théorie de la dette sociale me paraît inadmissible. Elle est illégitime en bonne logique, j'ai essayé de le démontrer ; et elle est fuyante dans l'application. En effet, de l'aveu même de ses auteurs, elle reste dans une indétermination complète, soit au point de vue de la quotité, soit au point de vue de l'incidence du redressement. Après avoir proclamé que le compte individuel existe en principe, on confesse qu'il est impossible à établir pratiquement. Cela est évident. Je ne vois pas comment il serait faisable vis-à-vis des créanciers primitifs, nos ancêtres qui, après tout, ont vécu pour eux-mêmes et ne nous ont pas consultés lorsqu'ils nous ont donné l'être, En quoi sommes-nous leurs débiteurs pour la vie qu'ils nous ont transmise, plus que nous le sommes vis-à-vis de la nature pour l'air que nous respirons ? D'ailleurs, comme le dit Hamlet, nous ne choisissons pas nos aïeux. Ils nous ont légué non seulement la vie dont quelques-uns des descendants se seraient peut-être volontiers passés, mais souvent des dispositions, des vices ou des infirmités héréditaires qu'il faudrait bien faire entrer en ligne de compte dans un calcul de doit et avoir. « Voici un homme, disait un des contradicteurs du solidarisme (1) qui a hérité cent mille francs et une maladie mentale. Etablissez son compte ! »... Et s'il est impossible à calculer, comment transférer le solde à un autre créancier, celui-là notre ou nos contemporains ?

(1) M. Malaport op. cit. p. 105. Voir également les objections de M. F. Buisson dans les discussions du *Congrès de l'Éducation sociale* (recueillies dans la 3ᵉ édition de *Solidarité* par M. Léon Bourgeois).

L'indétermination de la dette n'empêche pas, réplique-t-on, l'obligation de subsister. Je n'y verrais pas d'inconvénient si elle avait seulement pour but et pour effet de créer des débiteurs sociaux vis-à-vis de la masse collective de l'humanité, de pousser ces débiteurs à l'accomplissement d'un devoir social envers les moins favorisés de la fortune, et de les inciter à dépasser plutôt qu'à restreindre la mesure de leur obligation. Mais il y a les créanciers. Ce n'est pas un devoir social qu'institue le quasi-contrat, c'est une dette proprement dite, une dette contractuelle (1), on y insiste, une dette vis-à-vis de créanciers désignés, ou plutôt qui se désigneront eux-mêmes pour exiger le paiement. Or les créanciers sont le nombre, le très grand nombre, puisqu'ils sont tous ceux qui ne sont pas satisfaits de leur part dans le patrimoine social, et ils sont le nombre vivant, s'agitant et votant. Vous les instituez porteurs d'une créance ferme, non définie, non limitée, non articulée vis-à-vis de telle ou telle personne, flottante dans sa quotité, sinon dans son principe, et atteignant solidairement une classe clairement désignée et nettement circonscrite. Attendre des réclamants, dans ces conditions, de la modération, ou même de la patience dans la réalisation de leur droit, c'est vraiment trop demander de la nature humaine : c'est vouloir que les uns soient toujours menacés au nom d'un droit méconnu, les autres jamais satisfaits. Il n'y a là rien de rassurant pour la paix sociale.

III

Celle-ci a un lien évident avec la solidarité, mais avec la solidarité envisagée autrement que d'un point de vue purement juridique de doit et avoir.

(1) Voir le débat sur ce point entre M. F. Buisson et M. L. Bourgeois *Solidarité*, 3ᵉ éd., p. 209

L'i nterdépendance sociale est de plus en plus présente et comme vibrante aux consciences humaines, et c'est une des grandeurs de notre temps d'en avoir transformé chaque jour davantage le sens intime en réalités d'association. De plus en plus nous sommes convaincus que l'homme n'est pas isolé, qu'il se relie étroitement à ses ancêtres, à ses contemporains et à ses descendants.

« Il n'est pas un Peau-Rouge qui puisse se quereller avec sa femme, disait Carlyle, sans que le monde entier en souffre. Le jet d'un caillou par ma main se répercute dans l'univers... Une génération n'est pas moins indissolublement liée à une autre génération... Qui a imprimé ce modeste livre?... C'est Cadmus de Thèbes, c'est Faust de Mayence... C'est Tubalcaïn qui a fait l'aiguille de mon tailleur (1). » L'idée de la solidarité et la façon pittoresque de l'exprimer, on le voit, ne sont pas nouvelles. Seulement, par les progrès de la science et de la civilisation, cette idée s'incruste de plus en plus profondément dans nos mœurs et dans notre langage. Chacun de nous apprend un peu plus clairement, chaque jour, qu'il est fragment, non seulement du groupe familial ou communal, mais d'un vaste tout où le bonheur des uns dépend en grande partie du bonheur de beaucoup d'autres. Il sait que l'âme collective ou nationale, dans ses joies ou ses tristesses, n'est pas un vain mot. Un souffle de communauté, chaque jour plus étendu, l'enveloppe. « Quelque chose de l'homme a traversé mon âme », s'écriait un grand poète, fidèle écho des aspirations de ses contemporains (2). Il se crée ainsi dans l'esprit et dans le cœur de l'homme moderne, comme une trame continue et indissoluble entre lui, ses aïeux,, ses proches, ses amis, ses concitoyens, et

(1) *Sartor Resartus*, trad. franç. p. p. 284. — M. Fouillée a employé cette belle image : « Celui qui a inventé la charrue laboure invisible à côté du laboureur. »

(2) M. Sully-Prudhomme.

qui est en voie de s'élargir peu à peu jusqu'à l'humanité :
de là est née une conception de la vie à la fois individuelle et
multiple, de ses doubles émotions et de ses doubles devoirs,
assurément très différente de celle qu'a pu engendrer, à certaines époques, un individualisme exagéré. Cette conception,
développée et comme réchauffée par tant de philosophes et de
moralistes récents, éloquents interprètes du *Devoir social*,
se traduit dans l'existence civique, à la fois par des obligations légales et par des obligations morales : mais toute la
question de la liberté consiste précisément à distinguer les
unes des autres, à déterminer ce qui peut légitimement
être imposé par contrainte d'Etat aux citoyens, au nom de
la solidarité sociale ou nationale, et ce qui doit rester du
domaine de la conscience ou de l'intérêt bien entendu.

Certains auteurs, même non socialistes, tranchent la question avec une aisance vraiment surprenante. Voici par
exemple, dans le recueil que nous avons déjà cité, l'asser-
tion d'un des conférenciers, M. Charles Gide : « Je considère l'Etat toutes les fois qu'il est organisé démocratique-
ment, c'est-à-dire toutes les fois que la loi et le gouvernement ne sont que l'expression sincère de la volonté de la
majorité, comme véritablement une association libre, tout
aussi bien et mieux qu'une société financière ou coopérative
ou une compagnie de chemins de fer. Sans doute il faut se
soumettre à la loi de la majorité : mais quelle est donc l'association où il puisse en être autrement? Dès qu'il y a trois
personnes associées, il faut bien que, s'il y en a deux du
même avis, la troisième se soumette ». L'auteur accepte
qu'il y a une différence, puisque si l'on entre volontairement
dans une association on ne choisit pas sa patrie : mais l'objection ne l'arrête pas : on n'a, dit-il, qu'à changer de patrie !... A condition encore que les idées qu'on vient d'énoncer
n'aient pas prévalu partout ! — Mais il y a une autre objection qu'on ne soulève même pas et qui cependant saute aux
yeux. Une association commerciale ou autre ne vise qu'un

objet déterminé, restreint dans sa portée, fixé par les statuts et qu'elle ne peut dépasser sous peine de nullité : tandis que l'Etat embrasse, ou pourrait embrasser, grâce aux simples décisions de la moitié plus un de nos concitoyens, l'universalité de la vie morale, sociale et individuelle, et transformer le joug de la majorité en une oppression intégrale dont nulle tyrannie du passé n'a fourni l'exemple.

Ce n'est plus là solidarité, mais servitude d'Etat. La solidarité sociale mal comprise y conduit, si elle s'écarte d'une conception d'ensemble de la société dans laquelle le mieux être individuel ne peut être séparé du mieux être général. Or le mieux être individuel comporte avant tout une indépendance individuelle qui ne doit être sacrifiée que là où le sacrifice est indispensable à la conservation et à la sécurité de l'Etat : ce qui soulève dans chaque cas d'espèce des difficultés d'appréciation et d'application qu'aucun esprit sage ne voudrait contester. L'important est que la liberté ne soit pas dès l'abord immolée, et que l'esprit humain conserve, au sujet de l'organisation sociale, la notion prépondérante d'un vaste domaine où « par une libre collaboration, comme le dit si justement M. E. Boutroux, dans la conférence qu'il a écrite sur le sujet qui nous occupe (1), les individus peuvent et doivent *se concerter* entre eux pour pourvoir collectivement à l'ensemble de leurs besoins matériels, intellectuels, moraux et religieux : et c'est là une solidarité créée de toutes pièces par la liberté humaine (2) ».

Voilà la solidarité vraiment digne de propagande ardente, source de satisfactions profondes pour une humanité chez qui les sentiments de dévouement à autrui seront développés par une éducation appropriée, foyer d'incitations profitables à l'intérêt social commun. C'est la « chaîne souple,

____

(1) Loc. cit. p. 281.

(2) M. Boutroux se rencontre ici avec Herbert Spencer (*Justice*, p. 215) qui emploie presque les mêmes termes.

dont parlait de Maistre, qui nous retient sans nous asservir » ; « l'union de consciences qui s'élabore, le concours de volontés qui se cherchent et peu à peu se trouvent », suivant l'expression d'un éminent philosophe contemporain (1), union et concours qui réchauffent et fécondent l'initiative individuelle.

Le solidarisme juridique, au contraire, malgré les dénégations de ses auteurs, fournit aux revendications collectivistes de redoutables arguments. Les écrivains socialistes s'en sont bien vite aperçus et servis. A la doctrine de la dette sociale, mal définie et mal mesurée, pourquoi, ont-ils dit, ne pas substituer celle « de la location de l'outillage social ? »

Vous reconnaissez vous-mêmes, allèguent-ils, qu'au fond chacun n'a plein droit qu'au produit de ses facultés naturelles et de son travail propre, et non à une part privilégiée du bénéfice de la plus-value sociale ; donc il n'est qu'usufruitier à titre onéreux de tout ce qui est d'origine sociale dans les ressources que la civilisation et les lois antérieures ont mises à sa disposition. S'il n'est qu'usufruitier, il n'a pas droit à la pleine propriété de ce que la société a ajouté au fruit direct de son effort isolé. Donc, comme propriétaire du sol qui tire presque toute sa valeur de l'agglomération humaine, ou des instruments de production, résultat de la civilisation, il usurpe, et la société a le droit de lui reprendre sa part pour la remettre dans l'indivision commune : et l'on revient ainsi par un détour aisé aux conclusions du collectivisme, à la socialisation

______

(1) M. Fouillée : *La science sociale contemporaine* (2ᵉ éd.) — M. Doniol a dit très justement dans un article sur l'*Economie politique et l'utopie* : « On imagine une *solidarité* qui fait de la personne un co-partageant pur et simple ayant droit fondamentalement au bénéfice de l'activité d'autrui. Et cela sans se douter, ou s'en inquiéter en rien, si, sous une pareille loi, l'activité personnelle subsisterait, s'il y aurait encore, socialement parlant, un « individu ».

de la propriété individuelle, comme étant le seul remède efficace de l'injustice sociale. « Le solidarisme, dit un des conférenciers à tendances socialistes (1), a nettement posé le principe du devoir de la société envers les faibles... du droit des faibles sur la société... mais il maintient la forme actuelle du droit de propriété, de sorte que la société est seulement engagée à guérir les maux qu'elle a produits par sa propre organisation. La justice selon M. Bourgeois est une justice réparatrice. La justice socialiste est une justice organisatrice... Le système socialiste s'oppose au solidarisme comme l'hygiène, la médecine préventive, à la thérapeutique. qui guérit la maladie une fois née. »

Je ne suis pas bien sûr de l'efficacité d'une hygiène qui — c'est le cas du collectivisme, — ne tient nul compte de la véritable nature de l'homme, de son tempérament, des ressorts de son activité, de ses besoins physiques, moraux et sentimentaux : et c'est la principale objection que l'un des plus éloquents créateurs du solidarisme fait à ses contradicteurs socialistes. Il se transporte pour leur répondre sur le terrain des réalités. « Je crains, écrit M. L. Beurgeois, que vous ne diminuiez dans une énorme proportion l'activité de l'homme. Il ne faut pas décourager l'initiative, l'effort, la liberté. Et qui fixera le dividende ? qui procèdera à la répartition ? Tout cela me paraît impraticable, et dangereux ». « Qu'importe ? pourraient répondre les socialistes, si c'est la justice, et s'il faut avant tout, comme vous-même l'avez proclamé, Monsieur Bourgeois, que la justice soit ? » Terrible formule qui, appliquée aux matières sociales, conduit plus souvent qu'on ne pense et qu'on ne souhaiterait, à une impasse, dès qu'on perd de vue le côté pratique des institutions de justice.

---

(1) M. Rauh, maître de conférences à l'Ecole normale (p. 175 loc. cit.). Voir également les articles de M. Ch. Andler dans la *Revue de métaphysique*, sur les conférences de M. Darlu.

C'est de ce côté que se tournent avec raison les solidaristes modérés pour se défendre contre les collectivistes. Je regrette qu'ils ne l'aient fait jusqu'ici que dans une faible mesure, quand il s'agissait de leurs propres idées. Ils restent, en matière d'application, dans un vague inquiétant. La première proposition relative à l'action législative est la suivante qui a été présentée au *Congrès d'éducation sociale* et votée par lui :

« Les lois doivent exclure toute inégalité de valeur sociale entre les contractants. Elles doivent aussi, dans la mesure du possible, donner à l'effort de chacun l'appui de la force commune et garantir chacun contre les risques de la vie commune. »

A titre d'indication pratique on ajoute que « le moyen d'assurer l'équité du contrat social par la compensation de la dette sociale peut se résumer en ces trois termes principaux : 1° Assurance contre le défaut de culture des facultés intellectuelles ; 2° Assurance contre les incapacités naturelles ; 3° Assurance contre les risques sociaux. »

C'est là, sous une forme concise, un très vaste programme et où il faudrait établir qui, dans chaque cas, fera les frais de l'assurance. Vise-t-on l'extension de la *mutualité* à laquelle on a souvent donné le nom même de *solidarité*? Alors ce n'est pas l'acquittement d'une dette par les plus favorisés, puisque le principe de la mutualité, c'est l'assurance et la garantie réciproques. Vise-t-on au contraire des sacrifices imposés à une partie des citoyens, pour accorder aux autres, grâce au budget de l'Etat grossi par l'impôt rapidement progressif, certains bienfaits sociaux comme l'instruction gratuite à tous les degrés, ou l'existence assurée à tous ceux qui sont dans l'incapacité de se la procurer par eux-mêmes ? C'est ce qui se lit entre les lignes et ce que beaucoup en concluent rapidement et résolument : mais il faudrait le dire avec netteté.

Voici d'ailleurs déjà qu'aux desiderata posés plus haut,

des disciples plus impatients en ajoutent d'autres, tels que
« l'obligation du travail pour tous, l'interdiction pour un
membre du corps social de jouir du superflu tant que l'un
quelconque des autres membres est dans l'impossibilité de
se procurer sa subsistance ; puis la réforme de l'héritage...
conséquences déjà aperçues par certains esprits comme
découlant du principe de solidarité sociale » (1).

Elles n'en découlent qu'en admettant la solidarité sous
cette forme de solidarisme juridique qu'on a voulu déduire
de la solidarité sociale, à l'aide d'une argumentation dont
nous avons cherché à mettre en relief à la fois l'ingéniosité
et la fragilité. Ce solidarisme là conduirait vite, on le voit,
à un socialisme avancé proche lui-même et avant-goût du
collectivisme. C'est qu'il confond, dans son appel à la solidarité, des choses très différentes : le devoir et la dette, le
domaine moral et le domaine juridique, l'utilité sociale et
l'obligation contractuelle. Il faut vraiment sortir de ces
confusions d'idées et de mots, trop fréquentes à notre
époque et qui sont le fléau des études sociales, pour rendre
à la solidarité toute sa fécondité. Dans l'ordre des sentiments, pousser au développement de plus en plus conscient
de ces vertus de la nature humaine qu'on appelait autrefois
la charité, « supérieure encore à la foi et à l'espérance »,
disait l'apôtre, la fraternité ou la philanthropie, purs
joyaux des religions ou des doctrines morales, de ces pen
chants auxquels Auguste Comte a donné le nom plutôt bar-
bare d'*altruisme*, et qui représentent vraiment les sources

(1) Article *Solidarité* dans la *Grande Encyclopédie*. Cf. une résolution
récente de la *Commission parlementaire d'assurance et de prévoyance
sociales*, présidée par M. Millerand (reproduite par *Le Temps* du 6 décembre 1902 : « Considérant qu'il est du devoir de la République d'instituer un service public de solidarité sociale, que celle-ci diffère essentiellement de la charité en ce qu'elle reconnaît aux intéressés définis par la
loi un droit et qu'elle leur donne le moyen légal de la faire prévaloir... » etc.

de cette *vie supérieure*, idéal de l'existence sociable; —
dans l'ordre des faits, encourager l'association, qui sous ses
aspects multiples, mutualité, assistance, lutte contre la
contagion, coopération, et même simple collaboration
industrielle entre le capital et le travail, a déjà, dans des
proportions considérables, amélioré la condition humaine;
— l'association, qui, sans réaliser le bien-être universel
utopique que certains rêvent, peut singulièrement soulager,
en s'étendant, les souffrances des classes laborieuses : voilà
le devoir de tous ceux qui, partant de la solidarité de fait
qui existe entre les hommes, veulent y introduire chaque
jour plus de réciprocité bienfaisante et plus de liberté
réelle. Mais il convient de repousser la transformation de
la solidarité en un système proprement juridique, en une
comptabilité de doit et avoir : car elle ne présente aucune
des conditions essentielles d'une règle de ce genre. A l'en-
gluer de droit romain ou de Code civil, à l'étayer artificiellement de jurisprudence, on risquerait de compromettre et
d'affaiblir la bonne solidarité, celle qui déjà fait grand honneur à notre temps, qui, là où une règle d'Etat est injuste,
dangereuse ou inefficiente, au lieu d'opposer les uns aux
autres des droits et des revendications impossibles à mesurer, des créanciers et des débiteurs dont ni les dettes ni
les créances respectives ne sauraient être calculées équi-
tablement, unit les cœurs et associe les volontés dans la
conscience d'un commun devoir social. Elle rappelle
tout particulièrement ce devoir social aux mieux partagés
de ce monde, et les incite énergiquement à l'accomplir :
mais elle y laisse une certaine élasticité morale qui fait le
mérite et aussi l'efficacité de l'accomplissement. Il y a autant
de différence entre cette solidarité-là et le solidarisme proprement dit qu'entre le rythme qui règle spontanément les
mouvements d'une escouade de travailleurs libres, — ce
rythme cadencé, origine, suivant certains auteurs, de toute
musique, — et les coups de fouet qui, sur les bas-reliefs

d'Assyrie ou d'Egypte, coordonnent les sursauts des longues files de captifs. « La contrainte d'Etat, disait Fourier, produit la stérilité et prouve le manque de génie. » La glace, qui emprisonne et paralyse les eaux vives, est aussi une solidarité. Ce n'est pas cette solidarité ou ce solidarisme par congélation qui seront bienfaisants pour les sociétés humaines.

Eugène D'EICHTHAL.

Séance du 20 décembre 1902.

ÉTUDE

SUR

LA SOLIDARITÉ SOCIALE

COMME PRINCIPE DES LOIS

Lorsqu'en 1880, à l'occasion du livre de Marion, l'idée de *solidarité* reçut de vous le baptême académique, Caro, qui vous la présentait en qualité de parrain, s'attacha surtout à sauvegarder contre les envahissements possibles de la nouvelle venue, son aînée, l'idée de liberté.

Le débat était alors psychologique, et c'est de liberté philosophique et de solidarité morale qu'il était surtout question (1).

Aujourd'hui la discussion est portée sur le terrain politique et c'est de solidarité sociale et de liberté civile qu'il s'agit.

Reprenant, dans ce nouveau débat, la thèse de Caro, M. d'Eichthal est venu défendre, non sans talent, la liberté individuelle contre les oppressions à craindre d'une solidarité sociale qui lui paraît grosse de collectivisme.

Puissé-je rassurer contre un danger plus imaginaire que réel les craintes que la remarquable étude de M. d'Eichthal peut avoir fait naître.

J'espère vous démontrer que la véritable doctrine solida-

(1) *Journal des savants*, novembre 1880.

riste a le plus grand respect de la liberté (1); loin de la menacer, elle la fortifie en lui apportant le concours de la justice.

Définitions. — Pour rendre mes explications plus claires, qu'il me soit permis de préciser d'abord le sens dans lequel j'emploierai ces termes de liberté et de solidarité.

Qu'est-ce que la liberté ?

Est-ce la possibilité de tout faire ? Non.

« Toute liberté, dit M. Boutroux, n'est pas bonne et sacrée par cela seul qu'elle se pose comme liberté. Autrement, la liberté de l'homme vicieux ne serait pas moins inviolable que celle de l'homme de bien » (2).

Rousseau a distingué, dans son contrat social, deux libertés ; d'une part, « la *liberté naturelle* d'Adam ou de Robinson dans son île (3), liberté qui a pour bornes les forces de l'individu et pour domaine le droit illimité à tout ce qui le tente et qu'il peut atteindre ; d'autre part, la *liberté civile* de l'homme en société où le droit de chacun est limité par le droit d'autrui » (4).

Bornes physiques, bornes sociales, bornes morales enserrent de toute part la liberté de l'homme civilisé. Et force est de revenir à cette définition de Montesquieu : « La liberté ne peut consister qu'à pouvoir faire ce qu'on doit vouloir et à n'être pas contraint de faire ce qu'on ne doit pas vouloir » (5).

C'est cette définition que j'adopterai dans ce qui va suivre.

Qu'est-ce que la solidarité ? Ce terme a connu des acceptions variées.

(1) *Essai d'une philosophie de la solidarité*, p. 75.
(2) *Essai d'une philosophie de la solidarité*, p. 285.
(3) *Contrat social*, I, 1.
(4) « Où sommes-nous vraiment libres ? Dans l'union avec autrui. » (A. Fouillée, *la France au point de vue moral*, p. 223).
(5) *Esprit des lois*, liv. XI, chap. III.

J'écarte immédiatement le sens spécial des articles 1197 et 1200 du Code civil. relatif à la faculté d'accumuler sur une seule tête une dette ou une créance reposant sur plusieurs.

Pour éviter d'autres critiques (1), je proscrirai aussi toute assimilation biologique et toute allusion aux lois d'évolution organique (2).

Le mot solidarité n'aura d'autre sens ici que « connexité sociale » ou « inter-dépendance des hommes dans la vie en société ».

Substance de la doctrine. — Ces définitions posées, la doctrine se résume en deux points que voici :

D'une part, la société où chacun profite de la civilisation et jouit du patrimoine commun est comparable à la situation de co-héritiers vivant dans l'indivision; c'est un état de fait qui oblige les participants bénéficiaires des avantages sociaux à contribuer à l'acquittement des charges (3).

(1) Conférence de M. Brunetière sur l'« idée de solidarité ». *Journal des Débats,* 16 décembre 1900.

(2) *Discours de Combat,* série 1903, page 51 et suiv. — Notons cependant la surprise dont il est impossible de se défendre quand on voit étendre ces mêmes lois de l'évolution au « dogme » par saint Vincent de Lérins, et par celui-là même qui refuse de les laisser étendre à la « Société » (id., p. 275). Il semble que du dogme ou de la Société, c'est encore celle-ci qui est le plus évolutive, sinon le plus organique.

(3) Selon les règles de la justice contractuelle, dit M. Fouillée, tout contrat d'échange ou même *de donation* suppose qu'avec les bénéfices on accepte les charges et la succession testamentaire rentre dans cette règle générale ; celui qui accepte un legs accepte par cela même les dettes du testateur aussi bien que son avoir ; il s'établit volontairement entre le vivant et le mort un lien de *solidarité.* Le même phénomène se produit en grand dans la société entière. Donc en acceptant le contrat social dans l'état où il est laissé par les générations antérieures, les générations présentes ont accepté du même coup les bénéfices et les charges de l'association dans laquelle elles entraient et parmi ces charges se trouve la *dette de justice réparative.* Ainsi, à tous les points de vue, cette *dette* ne saurait être éludée par l'État... » *Science sociale contemporaine,* p. 369.

D'autre part, l'homme civilisé est la résultante de deux catégories de facteurs : ses *facteurs* propres, dont il apporta le germe en naissant et dont le développement autonome a constitué la portion purement personnelle de son être, et les *facteurs sociaux* dont l'influence a modifié ou enrichi sa nature et son avoir (1). L'apport de ces facteurs sociaux constitue, dans le patrimoine total de chacun, un patrimoine partiel acquis gratuitement, sans effort et sans droit, par le seul fait de son entrée dans la société. Chacun est débiteur de ce patrimoine partiel, envers la société (2) qui le lui a fourni. La justice veut qu'il s'acquitte de sa dette.

Tel est le fond de la doctrine.

Avant d'aborder les conséquences, il convient d'insister sur cette dette sociale et sur sa portée précise.

Détermination de la dette. — Personne ne nie plus aujourd'hui que l'individu ne tire gratuitement du fonds social une partie importante de son avoir matériel et moral.

Je n'entre pas dans le détail ; la page où M. Léon Bourgeois a établi la *dette* sociale de chacun est au-

---

(1) « Avons-nous une seule idée, dit M. Alfred Fouillée, qui nous soit absolument propre et dont nous ne devions pas le germe aux générations qui nous ont précédés ? Non, nous ne pouvons pas plus penser seuls que vivre seuls : toutes les intelligences humaines sont solidaires ; à travers les temps, à travers l'espace, elles se prêtent un mutuel appui. » (Discours prononcé au Trocadéro en 1886). « Aussi, a-t-on toujours refusé de regarder comme purement individuelle et absolue la propriété scientifique, artistique, littéraire, industrielle : on considère qu'elle renferme un apport social dont la société ne peut entièrement se désister » (*Propriété sociale et démocratie*, p. 23). C'est ce que résume cette frappante et classique image : « Celui qui a inventé la charrue travaille encore, invisible, à côté du laboureur » (*Id.*, p. 21).

(2) Si l'on remplace le mot société par le mot famille, on retombe ici dans la doctrine de Confucius, vieille de 25 siècles et admise par 400 millions d'hommes.

jourd'hui classique, elle fait jurisprudence en prose (1) comme le « songe » de Sully-Prud'homme en vers (2).

Mais si l'avance fournie par la société à chaque individu est un fait incontesté, le désaccord commence quand il s'agit de déterminer la nature juridique de cette avance.

a) Les uns assimilant la société à une source *naturelle*, prétendent que ses bienfaits ne sont, pas plus que ceux de la

(1) *Solidarité*, 3e édition, p. 119. — Cette page a été résumée en ces termes dans la *Revue des Deux-Mondes* par M. d'Haussonville comme passage essentiel de l'Evangile de la nouvelle doctrine : « L'homme fait partie, qu'il le veuille ou non, d'une société dont il devient débiteur dès sa venue au monde par tout ce qu'elle a fait et préparé pour lui. Dette sa nourriture, chacun des aliments qu'il consommera étant le fruit d'une longue culture. Dette son langage, car chacun des mots qui naîtront sur ses lèvres contient et exprime une somme d'idées que d'innombrables ancêtres y ont accumulée et fixée. Dettes et de quelle valeur ! le livre et l'outil que l'école et l'atelier vont lui offrir. Dette à chaque pas qu'il fait sur une route construite à travers les marais et la montagne ; dette à chaque tour de roue de la voiture, du wagon et de l'hélice ; dette envers tous les morts qui ont laissé cet héritage ; dette envers ceux dont la conscience a tiré sa race de l'état de violence et de haine et l'a conduite peu à peu vers l'état de paix et d'accord. L'homme, débiteur à tant de titres, contracte, par le seul fait de son existence, un de ces engagements qui se forment sans convention et qu'on appelle, en droit civil, un quasi-contrat. De par ce quasi-contrat, il est tenu de payer ses dettes et de consacrer ses forces à rendre à la société les bienfaits qu'il en a reçus, non seulement en n'y apportant pas le désordre, mais en contribuant au contraire à l'accroissement de l'héritage dont profiteront les générations à venir. Ce quasi-contrat s'impose à l'homme, quoi qu'il en ait, comme s'imposent aux termes du Code les autres quasi-contrats, c'est-à-dire les obligations qui se forment sans convention. Il devient le fondement du droit et de toutes les obligations sociales et entre autres de l'existence mutuelle qui n'est plus que l'acquit d'une dette » (15 décembre 1900).

(2) « Le laboureur m'a dit en songe : Fais ton pain,

   « Je ne te nourris plus, gratte la terre et sème.

   « Le tisserand m'a dit, etc. » dans *Les Épreuves*.

nature, soumis à l'obligation du remboursement. Rembourse-t-on, disent-ils, au soleil sa lumière, à la source son eau, à la ruche son miel ?

b) Les autres, se fondant sur ce que la société est une personne civile capable de posséder, soutiennent qu'elle a *droit* à la restitution des avances, mêmes gracieuses qu'elle a pu consentir.

c) D'aucuns vont plus loin encore et prétendent qu'elle a le devoir de les réclamer. Un père, disent-ils, ne peut disposer de ses biens en faveur de tel ou tel de ses enfants, et ceux-ci sont obligés de rapporter les avancements d'hoirie ; de même, la société ne peut sans injustice avantager certains de ses membres ; il faut établir dans l'héritage social la compensation ou le rapport (1).

Qui a raison ?

L'expression « dette contractée », si on la prenait à la lettre et dans un sens strict, dépasserait la réalité : M. d'Eichthal a raison, il n'y a pas de contrat ; mais dans le langage courant « dette contractée » signifie simplement « dette survenue » (2) et dans ce sens large elle s'applique-

(1) Il faudrait même, en pure justice, établir non seulement le « passif » de chacun, mais son « actif ». On peut s'en remettre à l'intérêt personnel du soin de faire le bilan de l'*actif*. Nous insistons surtout sur le passif, parce que le passif serait d'ordinaire passé sous silence, si la doctrine n'apportait un « commencement de preuve... par constatation ».

(2) Cf. ce passage de Gambetta, gravé sur la face sud de son monument, place du Carrousel : « ..... Nous sommes des jeunes gens qui ont eu cette faveur du sort de pouvoir, aux prix d'épargnes méritantes arrachées au patrimoine domestique, conquérir ce levier supérieur de l'indépendance qu'on appelle l'éducation et l'instruction.

« Je dis que ce jour-là nous avons **contracté une dette** que nous ne pouvons nier sans faire outrage à la plus sacrée de toutes les lois humaines, la solidarité sociale » (19 avril 1870). Evidemment Gambetta n'a pas voulu dire qu'un contrat formel était intervenu à l'origine de la dette et cette citation lapidaire suffit à établir le sens courant de l'expression critiquée.

rait mieux que le terme « devoir facultatif et méritoire » qu'on tend à lui substituer. Le « mérite » ne commence qu'après l'acquittement.

La vérité, c'est que la société fournit à l'individu, gratuitement et sans le consulter, certains avantages qui ne figuraient pas en compte jusqu'alors.

Ce n'est ni une donation ni un prêt ; c'est une avance mal définie, analogue à un « versement d'indû ».

Sans doute, le versement d'indû entraîne remboursement ; mais ce remboursement n'est pas celui d'une dette liquide et exigible ; il s'agit, non pas d'une « dette contractée » mais « quasi-contractée » emportant les ménagements et les tempéraments que mérite la bonne foi, surtout la bonne foi passive.

C'est dans ce sens que M. Léon Bourgeois dit aux heureux du monde : « Vous croyez faire la charité, détrompez-vous, vous payez seulement votre dette ; n'en ayez point tant d'orgueil (1). Les objets qui sont d'obligation stricte, juridique, sont plus étendus qu'on ne pensait. Il y a des passifs que l'on ne se connaissait pas et qu'il faut pourtant payer pour se libérer » (p. 60, *loc. cit.*).

La doctrine est inoffensive. — M. d'Eichthal craint que la théorie de la *dette sociale* n'éveille chez les « créanciers » des convoitises menaçantes pour « les « débiteurs » et qu'elle ne compromette la paix sociale.

L'argument serait grave, s'il était fondé.

Mais, les guerres sociales naissent des misères aiguës, des souffrances méconnues, des abus palpables et non des doctrines philosophiques.

La possession surabondante insolemment étalée devant

(1) « L'exercice de la fraternité ne serait-il pas, le plus souvent, une pure justice, un moyen d'acquitter envers les autres une dette tantôt personnelle et tantôt collective, en un mot, une simple réparation ? » (A Fouillée, *Science sociale contemporaine*, p. 324).

le dénûment (1), les iniquités concrètes et les inégalités criantes, voilà ce qui de tout temps excita la cupidité dans l'âme des foules.

C'est le fait brutal, non la doctrine, qui déchaîne les passions. La faim s'aiguise devant une table servie, non devant un traité culinaire (2).

Quand on attribue à la philosophie du xviii° siècle la paternité de la Révolution française, cela ne veut pas dire qu'elle fut la cause des troubles populaires, mais seulement l'inspiratrice de la Déclaration des Droits de l'Homme. Les doctrines sont facteurs d'évolutions, non de révolutions, parce qu'elles s'adressent aux intelligences et non aux passions.

Mais le contraire fût-il prouvé, que la doctrine solidariste ne saurait être classée parmi les dangereuses ; elle était dépassée avant de naître. Et si la paix sociale est jamais troublée ce ne sont pas des solidaristes qui figureront à l'avant-garde des émeutiers.

Athènes et Rome ont connu les guerres civiles, la Jacquerie médiévale s'est donnée carrière et, comme l'agneau de la fable, la théorie solidariste peut dire : « je n'étais pas née ».

Considérée dans son essence et dans son but, elle est de

______

(1) « Les droits et les devoirs des pauvres », in *Œuvres sociales de Channing*, trad. Ed. Laboulaye, chez Fasquelle, p. 283.

(2) Dès que l'homme raisonne, il se modère. Caïn n'eût pas tué Abe s'il eût philosophé et Eurybiade s'abstint de frapper Thémistocle dès qu'il l'écouta.

« On suppose avec quelque raison, dit Vauvenargues, que le cœur des hommes se forme sur leur condition ».

Cette adaptation résignée et inconsciente résiste, d'après la Boëtie, à tout effort doctrinal. Tont son *Contre un* n'est que l'affirmation éloquente de ce principe. « Les hommes, sans regarder plus avant, se contentant de vivre comme ils sont nays, et ne pensants poinct avoir d'aultre droict ny aultre bien que ce qu'ils ont trouvé, ils prennent pour leur nature l'estat de naissance ».

nature à consolider la paix sociale plutôt qu'à la troubler (1).

Jamais la doctrine n'a désigné de créanciers (2) ; jamais elle n'a dit à qui que ce soit : « voilà ta part, voilà ta créance, voilà ton titre de revendication, voilà ce que tu peux réclamer ». Ce qu'elle a déterminé exclusivement, c'est la dette de chacun, c'est *l'obligation de s'acquitter* de ce qu'il a reçu.

Certes, à toute dette correspond une créance et il est évident que le produit du remboursement éventuel ira finalement à quelqu'un ; mais ce quelqu'un reste indéterminé, l'incidence n'est point définie. Chacun rapporte à la masse mais nul n'est investi d'un droit individuel sur cette masse (3). C'est sortir de la doctrine que parler de « créanciers désignés ou plutôt qui se désigneront eux-mêmes ». Jamais

(1) Mais ces réserves faites, l'observation de M. d'Eichthal mérite cependant de retenir l'attention.

Déjà M. F. Buisson, aussi bien au Congrès de l'Education sociale qu'à sa conférence du 5 février 1902 (*La Solidarité à l'école*), avait très heureusement distingué entre les deux aspects sous lesquels la solidarité devait être présentée selon qu'il s'agissait d'enseignement primaire ou d'enseignement secondaire. La préoccupation doit être de montrer à l'enfant de la Bourgeoisie qu'il est un privilégié » et « dans l'école, la solidarité doit servir de thème pour exalter les bienfaits de l'association ».

M. Fouillée disait aussi : « C'est le sentiment de solidarité, c'est cette reconnaissance envers les *générations passées*, c'est aussi l'amour anticipé des *générations futures* qui devrait être « l'âme » de l'école » (*La France au point de vue moral*, p. 289).

(2) Selon une remarque de Dupont-White citée par M. Fouillée, nulle obligation de l'Etat n'est plus certaine que la protection due aux personnes et aux propriétés. Cependant, nous ne pouvons exiger de l'Etat qu'il nous fasse escorter sur une route peu sûre ou garder pendant des troubles.

(3) « La revendication juridique, dit M. A. Fouillée, n'est pas impliquée dans le devoir de réparation incombant à l'Etat » (*Science sociale contemporaine*, p. 373).

la doctrine n'a désigné de créanciers particuliers (1) et s'ils
se désignent eux-mêmes ce n'est pas elle qui sera responsable de cette désignation, ce n'est pas en elle, mais hors
d'elle que la paix sociale pourra se trouver compromise.

Nous l'avons dit ailleurs : « La doctrine est belle parce
que, loin d'ouvrir à la convoitise individuelle un nouveau
crédit sur le bien commun, comme il arrive pour la plupart
des doctrines politiques, elle réclame au contraire de l'abné-
gation de chacun une contribution nouvelle au profit de
tous. En d'autres termes, elle formule non pas un *droit* mais
un *devoir* » (2).

Du Fait et du Droit. — Si toute étude procède d'abord par
analyse, il ne faut pas s'étonner que, dans la solidarité, les
premiers commentateurs aient distingué deux phases : la
solidarité de fait et la solidarité de droit.

Distinction parfaitement licite, mais dont il faut retenir
cependant qu'elle n'est qu'une pure opération intellectuelle. Dans la réalité sociale, nulle différence n'apparaît
entre l'homme solidarisé de fait et l'homme solidarisé de
droit.

Dès 1897, M. Darlu avait objecté que la solidarité naturelle est un fait fatal, quasi-physique, n'ayant en soi rien

---

(1) C'est ainsi que le service militaire n'est dû qu'à la masse totale
« patrie » et non pas à des castes, à des professions, groupements ou
intérêts particuliers si intéressants qu'ils puissent être. Sans doute, la
femme et l'enfant étant exonérés de la dette militaire, en sont par là-
même bénéficiaires ou créanciers indirects ; mais ce ne sont pas
leurs intérêts ni leurs caractères spécifiques de femme et d'enfant qui
justifient cette exemption ; elle se justifie par cette raison qu'ils con-
tiennent en eux la conservation de la race, l'avenir de la nation, la
source même de sa reconstitution future. Se dévouer pour la femme et
l'enfant, aussi bien dans le péril familial que dans le péril national,
c'est défendre la continuité même de l'espèce ; c'est payer *sa dette*
à l'être collectif, famille ou patrie.

2) *Revue politique et parlementaire* (juin 1901).

de moral ; et il demandait comment une fatalité pouvait obliger moralement un être doué de pensée et de volonté (1).

M. Brunetière a dit à peu près la même chose à sa conférence de Toulouse (2) et M. d'Eichthal a reproduit cette objection devant vous. D'après ce système les domaines de la « solidarité-droit » et de la « solidarité-fait » seraient nettement séparés, et l'on ne pourrait passer de l'un à l'autre que par le libre consentement ou par l'oppression.

Sera-t-il permis de dire que le problème est mal posé (3) ?

La question ne se présente pas en réalité dans ces termes.

La solidarité sociale n'est point une fatalité absolue ; elle unit des êtres moraux, non des pierres (4). On ne peut la définir comme fait brutal qu'à la condition de faire abstraction de la liberté des êtres qui la constituent.

Cette abstraction est permise ; mais, si on la fait, il ne faut point oublier, en route, qu'elle est un point de départ et non pas un point d'arrivée. Quand, dans l'énoncé d'un problème, on omet une donnée, il ne faut point s'étonner que cette donnée reste absente du résultat. Je veux dire que si l'on ne constate aucune liberté morale dans la solidarité de fait, c'est tout simplement parce que la définition même l'en a exclue.

(1) *Revue de métaphysique et de morale,* janvier 1897.

(2) Cf. *Journal des débats,* 16 décembre 1900.

(3) La preuve que le droit peut naître du fait, c'est que le Code consacre, nous le verrons plus loin, tout le titre IV du livre III aux obligations qui naissent sans convention.

(4) « Si l'harmonie des sphères célestes n'est jamais troublée, c'est parce que les astres obéissent aveuglément aux lois éternelles qui règlent leur marche et leur destin. Mais l'homme est plus qu'un astre, c'est un être libre, donc sujet à se tromper sur ses véritables intérêts, sujet aux passions et aux vices, donc enclin à chercher son bien propre dans le mal du prochain ». Ch. Gide, *La morale de Bastiat,* p. 9.

Dans la réalité, il n'y a pas deux sociétés, une de fait et une de droit : c'est la même qu'on regarde à travers deux verres différents (1).

Sans doute le recrutement ordinaire de la société s'opère par un fait involontaire, la naissance. Mais cela ne suffit pas à exclure toute liberté de la société ainsi constituée (2).

L'individu aussi se constitue tout d'abord par sa naissance involontaire ; qui soutiendrait cependant qu'il soit par cela seul incapable de toute liberté ultérieure ? Si donc l'*origine involontaire* ne suffit pas à constituer l'individu à l'état de fait brutal, pourquoi suffirait-elle à donner ce caractère à la société qui embrasse toutes les libertés individuelles ?

Enfin, si l'on posait en principe absolu qu'aucune obligation juridique ne peut résulter du fait involontaire, « naissance », il faudrait appliquer ce principe dans toutes ses conséquences et déclarer que l'impuissance juridique de ce fait existe aussi bien en ce qui concerne les obligations pénales que les autres : dès lors le crime et le délit ne pourraient être interdits (3).

Si l'on refuse d'aller jusque-là, on renie le principe. C'est peut-être par là qu'il faudrait commencer.

Transition au lieu de création. — Au lieu de distinguer la « solidarité-fait » et la « solidarité-droit », deux pures

____

(1) Prétendre étudier la société en opposant le « fait » au « droit », c'est imiter un chimiste qui, pour étudier les propriétés et les caractères du sel marin, s'aviserait d'opposer les propriétés du chlore à celles du sodium.

(2) « Cela n'est pas volontaire, dirait Pascal, vous êtes embarqué ! » Mais même embarqué, on peut quitter le bateau. C'est dès qu'on a conscience de cette faculté que commence la liberté.

(3) Le Code pénal n'est autre chose que l'affirmation du droit qui naît du *fait illicite*. Il nous semble que le *fait injuste* suffit à faire naître le droit de réparation. La seule différence entre le *fait injuste* et le *fait illicite*, c'est que la loi a expressément énoncé le second.

fictions, il est préférable de comparer la solidarité *telle qu'elle est* à la solidarité *telle qu'elle devrait être* (1).

Le passage de l'une à l'autre est aisé ; ce n'est plus alors de fondre deux substances distinctes qu'il s'agit, mais de favoriser l'évolution de la même entité, la solidarité réelle. De la solidarité médiocre à la solidarité améliorée, le chemin est déjà frayé par quelques-uns. Ce qu'il faut maintenant, c'est l'élargir pour que la foule y puisse passer. Mais quelle est la meilleure méthode ?

Faut-il améliorer la société par l'individu, ou l'individu par la société (2) ?

Education morale de l'individu par les notions sociales. — Les premiers efforts se sont tournés vers l'individu ; on voudrait améliorer les consciences individuelles par l'intérieur en développant en elles les notions et les sentiments sociaux. C'est sous le titre de *Congrès de l'éducation sociale* (3) que s'est ouvert, sous la présidence de M. Léon Bourgeois, le premier congrès solidariste ; et c'est une *société d'éducation sociale* (4) qui réunit les premiers adeptes de la nouvelle école. Ceux-ci entendent par ce mot « éducation sociale », l'initiation de l'individu à ses devoirs sociaux.

Or. cet individu qu'il s'agit d'éduquer est un être moral ; et les facteurs essentiels de sa moralité sont le sentiment et la raison ; peut-on agir sur ces deux facteurs ?

(1) « L'idée de solidarité, dit M. Fouillée, exprime cette vérité que les hommes, en poursuivant leurs fins propres, ne *peuvent* pas ne pas tenir compte les uns des autres, et *doivent* en tenir compte. » *Morale socialiste, Revue des Deux-Mondes,* 15 juillet 1901, p. 391.

(2) « La vraie morale commence avec l'*appréciation* et non avec la *constatation* des solidarités ; et elle consiste à remplacer un mode inférieur de solidarité par un mode supérieur, conformément à un idéal de personnalité et de sociabilité tout ensemble que ne réalise pas le déterminisme brut auquel se ramène la solidarité naturelle (*id.* p. 398).

(3) 26-30 septembre 1900. Chez Alcan.

(4) Son siège est à l'hôtel des Sociétés savantes, rue Danton.

Le sentiment est naturellement orienté vers la sociabilité. Qu'il soit un instinct perfectionné du *zoon politicon* (1), ou un attribut philosophique et permanent de l'humanité (2), sa tendance primitive le porte vers la vie en société, et lui en fait accepter les conditions.

Mais il n'en est pas de même de l'intelligence : consciente et libre, celle-ci n'admet d'autre autorité que la raison.

Et justement ce qui manquait jusqu'alors à la réalité sociale c'était une base rationnelle ; aux obligations sociales, c'était une *cause* juridique. C'est cette lacune que la nouvelle doctrine vient combler.

En démontrant la dette sociale, M. Léon Bourgeois fournit à chaque conscience socialisée la sécurité logique : il oriente ainsi la pensée vers la fin naturelle du sentiment. En alliant le *savoir* au *sentir*, la doctrine prépare l'*agir*.

Elle réalise ainsi dans l'individu une harmonie intime, source de bien-être et d'action. Elle sème une *idée-force* dans la conscience (3).

Mais le principal intérêt de la nouvelle (4) doctrine n'est pas dans l'individu, il est hors de l'individu.

---

(1) « Loin d'être en opposition avec la morale, la science naturelle nous montre, jusque chez les plus humbles animaux, les premiers linéaments de cette solidarité qui deviendra chez l'homme, moralité consciente et volontaire ». (Fouillée. *Revue des Deux-Mondes*, 15 août 1902.)

(2) « L'amour du prochain a ses racines au plus profond du cœur de l'homme et la philosophie qui le défigure sous le nom d'altruisme a le droit d'y reconnaître un des instincts permanents de l'humanité » (D'Haussonville. *Revue des Deux-Mondes* 1890. — Socialisme d'Etat et socialisme chrétien.)

(3) « La conviction de la vraie solidarité est déjà un lien de solidarité... La solidarité naturelle, en se concevant, tend à se désirer et à se vouloir elle-même, par conséquent à devenir solidarité morale. » (A. Fouillée, *La morale socialiste, Revue des Deux-Mondes*, 15 juillet 1901, p. 391.)

(4) « Ce serait se mettre en contradiction avec le principe même de la solidarité, dit M. Marcel Charlot, de prétendre qu'elle est née de toutes

Comme l'a rappelé M. Xavier Léon (1), d'après Fichte, la raison est l'attribut non de l'individu mais du genre humain tout entier. Et par la base rationnelle qu'elle nous fournit, la doctrine s'impose à tous dès qu'elle s'impose à un seul.

La discipline individuelle qui en résulte est commune à tous, c'est-à-dire qu'elle est universelle et devient *ipso facto* discipline sociale (2).

Education sociale autoritaire. — L'influence de la discipline individuelle sur la discipline sociale a sa contre-partie : la moralité ambiante réagit sur la moralité individuelle.

La solidarité est un perpétuel échange entre l'individu et la collectivité.

M. Paul Janet disait ici même (3): « La société est fonction de l'individu, et l'individu est fonction de la société. Il ne

pièces, sans préparation, sans attaches avec le passé et qu'il n'y a pas lieu de lui chercher des précédents, sous prétexte qu'en un quart de siècle il a été fait plus qu'en des millions d'années pour hâter la solution du problème social. Le solidarisme, ainsi que l'a démontré Mabilleau, est déjà impliqué dans les doctrines panthéistes » (Au mot *Solidarité* dans la *Grande encyclopédie*).

« La raison grecque, harmonieuse et pratique arrive dès cette époque à constituer la morale de la famille sur des principes de solidarité intelligente et affectueuse qui ne sont pas loin de la perfection. Ensuite, elle crée la cité avec l'idée de la loi et le sentiment d'une solidarité très forte dans un groupe plus large que la famille mais encore restreint. » A. Croizet, in *Morale sociale*, p. 155, chez Alcan.

(1) Le fondement rationnel de la solidarité d'après la doctrine de Fichte, conférence dans *Essai d'une Philosophie de la Solidarité*.

(2) Sans doute, tous ne se conformeront pas par cela seul à la règle reconnue rationnelle : la vérité n'est qu'un poteau indicateur, qui avertit, renseigne, mais ne contraint point l'égaré ; du moins ceux qui prennent la mauvaise voie n'ont plus d'excuse ou ne peuvent plus invoquer l'ignorance.

(3) Compte-rendu de l'Académie des sciences morales et politiques, 1886, p. 536.

suffit pas de *distinguer* l'individu et la société, il faut les concilier. Les deux principes sont inséparables et n'existent même que l'un par l'autre : sans société, pas d'individus ; sans individus, pas de société. »

Dès lors, on peut prétendre à éduquer l'individu par une discipline sociale préalablement établie (1). C'est la politique des régimes d'autorité. C'est aussi le principe pédagogique qui préside d'ordinaire à l'éducation de l'enfant. On conduit l'enfant d'abord malgré lui pour l'habituer à se conduire lui-même.

De ces deux systèmes, quel est le meilleur? (2). L'histoire nous montre des sociétés florissantes et des peuples heureux sous les deux régimes (3).

Il semble, pour les sociétés comme pour les individus, que le régime d'autorité convienne surtout à la période d'enfance. La contrainte externe donne à l'être inexpérimenté l'habitude de se soumettre à une règle, elle prépare

(1) Tel n'est pas l'avis de M. Brunetière qui, dans un récent article de la *Revue des Deux-Mondes* (1er août 1902), prend tout un siècle à partie (le XVIIIe), pour avoir fait « de la question morale une question sociale ». — D'autres siècles paraissent exposés à pareil reproche, il serait peut-être prudent de reconnaître que la vérité réside dans l'ensemble des deux propositions : « la question morale est une question sociale et la question sociale est une question morale ». Mais ce serait définir la solidarité même...

(2) Qu'on donne la préférence à l'un ou l'autre, il en *faut* un. Une discipline sociale, quelle qu'elle soit, est une nécessité sans laquelle nulle société ne pourrait exister. « L'association des actions individuelles, disciplinées soit par la force au temps des régimes d'autorité, soit par le consentement au temps des régimes de liberté a, seule, pu faire vivre les groupements d'hommes, familles, tribus, cités, castes, églises ou nations » (Léon Bourgeois, *Solidarité*, 1re édition, p. 62). — C'est aussi ce qu'avait dit M. Fouillée : « Il est des formes de gouvernement où c'est la force qui fait et maintient l'union ; il en est d'autres où c'est l'union qui fait et maintient la force » (*L'enseignement au point de vue national*, p. 438, Hachette, 1891).

(3) Cf. *Contre un*, de la Boëtie.

les consciences à la contrainte personnelle qu'elles devront s'imposer un jour. C'est ce que disait déjà Rousseau : « Les mœurs, les coutumes et surtout l'opinion substituent insensiblement la force de l'habitude à celle de l'autorité » (1).

Qu'il s'agisse d'un peuple ou d'un individu, la question de savoir si la contrainte est nécessaire paraît donc une question d'espèce ; elle dépend de l'âge moral du sujet.

Quelles sont les sanctions légitimes, en matière d'éducation sociale? — Mais, sans rien préjuger encore sur le point de savoir si notre société est en âge de pratiquer la juste solidarité sans contrainte légale, cherchons, à toutes fins utiles, quelles sanctions seraient possibles, rationnelles et équitables (2).

Nous avons mis en évidence deux phénomènes essentiels dans la solidarité sociale : 1° une *dette* dont chacun est grevé par l'apport gratuit que lui fournit la société ; 2° une situation d'indivision imposée à tous ceux qui participent à la vie commune.

Quels liens de droit emportent avec eux ces deux phénomènes ?

Ceux des quasi-contrats, répond M. Bourgeois.

La solidarité sociale est une obligation sans convention. — Ici se place la première objection juridique de M. d'Eichthal.

La discussion exigeant quelque développement, fixons le terrain du débat en délimitant exactement les points où nous sommes d'accord et ceux où naît la divergence.

Notre distingué contradicteur reconnaît qu'il y a des obligations qui naissent sans convention (3). Il ne nie pas en

____

(1) *Contrat social*, Livre II, chap. 12. Cf. Tarde, Marion, etc.

(2) « Le passage du psychique au juridique est irrésistible, fatal ». Izoulet, Leçon d'ouverture au Collège de France, 1898.

(3) « Une Société politique, disait Treilhard, l'un des auteurs du Code, serait bien imparfaite, si les membres qui la composent n'avaient, entre

principe qu'il existe des « *engagements qui se forment sans consentement préalable* ». Nous sommes d'accord sur cette réalité générale, consacrée d'ailleurs par la rubrique même du Titre IV, Livre III du Code civil, qui l'énonce en termes formels (1).

Retenons ce point et pénétrons sur le terrain spécial où commence le désaccord.

La solidarité est-elle un quasi-contrat ? — M. Bourgeois ne s'est pas borné à dire : la solidarité sociale est un *engagement sans convention;* après le genre il a déterminé l'espèce.

Or le genre « obligations sans conventions » comprend, d'ap 's notre Code, quatre espèces : le *délit-civil,* le *quasi-délit,* le *quasi-contrat* et... *l'autorité seule de la loi.*

Les deux premières sont hors du débat, parce qu'elles ne se réfèrent qu'aux faits illicites ; la solidarité sociale, — fait licite, — ne pourrait trouver place que parmi les *quasi-contrats,* ou dans la catégorie de *l'autorité seule de la loi.*

M. Bourgeois dit : c'est un *quasi-contrat* ; M. d'Eichthal le conteste. L'objection se réduit à peu près à ces termes : Le « quasi-contrat », d'après la définition stricte de l'article 1371, est « un fait purement volontaire de l'homme » ; or, la solidarité sociale n'est pas un fait purement volontaire ; donc la solidarité sociale n'est pas un « quasi-contrat ».

Le syllogisme paraît rigoureux.

eux, d'autres engagements que ceux qu'ils auraient prévus et réglés par une convention. »

(1) Livre III, titre IV. « *Des engagements qui se forment sans convention* ».

(2) Pour reconnaître les cas où un quasi-contrat existe, il suffit, dit Duchemin, de savoir que tout fait licite quelconque de l'homme, qui enrichit une personne au détriment d'une autre, oblige celle qui se trouve enrichie de rendre la chose ou la somme tournée à son profit : ce qui forme ce qu'on appelle le quasi-contrat. » V. ce mot in Encyclopédie du XIXe siècle.

Mais il oublie deux choses :

D'abord il faut distinguer entre le système particulier du « Code civil français » et le « droit civil général » dont notre code se sépare à cet endroit.

Mauvaise définition. — Ensuite il faut rappeler que les art. 1370 et 1371 ont été l'objet, de la part de tous les jurisconsultes, d'unanimes critiques.

« Le mot quasi-contrat, dit M. Colmet de Santerre, imaginé par les interprètes du droit romain, pour désigner la source de certaines obligations qui, formées sans convention et ne provenant pas d'un fait illicite, étaient dites naître *quasi ex contractu,* n'était guère susceptible d'une définition précise ». (Tome V, n° 347, art. 1371.)

Le législateur de 1804 a défini à tort ce « qui n'était pas susceptible de l'être ». A prétendre enfermer dans des limites précises un domaine indéfini, il s'est mis en contradiction inévitable avec la réalité.

Dans les art. 1370 et 1371 (1), il a entrepris de distinguer les obligations entre elles selon qu'elles résultent : *a*) de « faits purement volontaires, » *b*) de « faits simplement personnels, » *c*) de « l'autorité seule (!) de la loi » (en l'absence de tout fait personnel).

(1) Art. 1370. — Certains engagements se forment sans qu'il intervienne aucune convention ni de la part de celui qui s'oblige ni de la part de celui envers lequel il est obligé.

Les uns résultent de l'autorité seule de la loi ; les autres naissent d'un fait personnel à celui qui se trouve obligé.

Les premiers sont les engagements formés involontairement, tels que ceux entre propriétaires voisins ou ceux des tuteurs ou des autres administrateurs qui ne peuvent refuser la fonction qui leur est déférée.

Les engagements qui naissent d'un fait personnel à celui qui se trouve obligé résultent ou des quasi-contrats ou des délits ou des quasi-délits ; ils font partie du présent livre.

Art. 1371. — Les quasi-contrats sont les faits purement volontaires de l'homme dont il résulte un engagement réciproque des deux parties.

Conséquences erronées. — De nombreuses erreurs sont immédiatement *résultées* de cette classification toute artificielle.

D'une part, le législateur a classé inconsciemment parmi les « faits personnels à celui qui se trouve obligé » des espèces absolument impersonnelles, telles que le dommage de l'enfant, de l'animal domestique, et du bâtiment en ruine (art. 1384, 1385 et 1386).

D'autre part, il a omis plusieurs quasi-contrats des plus importants, entre autres celui-là même à qui les jurisconsultes avaient toujours réservé une place d'honneur, le quasi-contrat de communauté ou d'indivision (v. Pothier, édition de 1778, tome II, p. 599).

Enfin hors de ces catégories étroitement closes, il a laissé échapper toute une classe d'obligations, celles qui naissent de « faits involontaires » oubliés par la loi : par exemple, l'espèce classique de l'inondation transportant des meubles ou des récoltes dans la propriété d'autrui (1).

---

(1) Demolombe déclare infini le nombre des obligations qui naissent sans convention...

Une espèce qui met en évidence un fait de solidarité involontaire est la suivante : dans une chasse banale, un chasseur, non loin de moi, tire un lièvre ; celui-ci disparaît dans un fourré où le chasseur ne peut le retrouver. Mon chien survient, trouve le lièvre et me l'apporte. Je n'ai passé avec le chasseur nulle convention, donc pas de « contrat » ; l'acte de mon chien est licite, donc ni « délit » ni « quasi-délit » ; l' « autorité de la loi » est muette sur le cas ; je n'ai pris aucune part « volontaire » à l'acte de mon chien, donc pas de « quasi-constrat »... niera-t-on l'obligation ? Entre le chasseur et moi est survenue une interdépendance de fait. La capture du lièvre est la résultante de deux composantes solidaires : le coup de fusil et l'effort de mon chien. Je suis, par mon chien, *l'obligé* du chasseur ; j'ai une *dette* envers lui, il a une créance envers moi ; je ne serai *libéré*, selon l'expression de M. Bourgeois, que lorsque j'aurai acquitté ma dette.

Selon la très juste remarque de mon collègue Granier (bibliographie

Mais, ce ne sont pas seulement les *conséquences* des définitions de 1804 qui ont donné lieu à des critiques méritées, ce sont les *termes mêmes* de ces définitions.

L' « *Autorité de la loi* » intervient dans *toutes* les obligations juridiques. C'est elle seule qui leur donne la force exécutoire ; les contrats eux-mêmes y sont soumis. D'où cette première conséquence qu'un caractère commun à tout le *genre* ne saurait suffire pour définir une *espèce* comme le fait l'art. 1370.

Art. 1370. — Marcadé a fait justice d'une autre erreur. Admettre, dit-il, que l' « Autorité seule de la loi » puisse créer *ex nihilo* une obligation serait faire abstraction de toute équité et livrer la liberté à l'arbitraire du législateur (1).

Demolombe (tome VIII, n° 21) déclare que les « obligations qui résultent de l'autorité seule de la loi sont comme toutes les autres fondées sur un fait qui en est le vrai principe générateur ».

Jourdan (tome VI, p. 347) s'écrie à ce sujet : « la loi n'enfante pas le droit » etc. (2).

charitable, p. 73), une souscription publique en faveur des malheureux n'a pas d'existence juridique. S'il y a des souscripteurs anonymes, aucun lien défini n'existe entre le bienfaiteur ignoré et l'assisté éventuel. Niera-t-on cependant qu'elle engendre des obligations ? Et si des collecteurs infidèles conservaient les fonds, est-ce seulement à un « devoir moral » qu'ils manqueraient ?

(1) C'est là un point essentiel et qui suffirait à ruiner l'objection. Même si le texte de l'article 1370 échappait aux autres critiques qu'il soulève, il lui resterait de consacrer sans phrase la tyrannie légale ; et M. d'Eichthal pourrait difficilement étayer ses revendications libérales sur le texte le plus autoritaire de nos codes.

(2) C'est le mot de Montesquieu : « on ne fait pas les lois, on les trouve ».

Antérieurement aux obligations légalement sanctionnées, il y avait des obligations naturelles, et bien que celles-ci ne soient, selon la remarque de M. Colmet de Santerre, énoncées qu'une seule fois par le code (article 1235), elles ne sont pas moins la base préalable et nécessaire de l'œuvre

Sur ce point, l'art. 1370 n'a jamais été défendu par personne.

Art. 1371. — Mais l'art. 1371 n'est pas moins critiquable. « La notion du quasi-contrat est imparfaitement donnée dans l'art. 1371 », dit M. Colmet de Santerre (op. cit. n° 347 *bis*).

En effet, le législateur, cherchant à mettre en vedette les analogies du contrat et du quasi-contrat, s'est attaché aux manifestations courantes du consentement. Celui-ci résulte d'ordinaire d'une intervention personnelle, préalable et consciente du contractant. Mais de ces trois conditions dont la réunion engendre le consentement contractuel, le législateur a sacrifié la plus essentielle à celles qui ne l'étaient pas. Il a pris comme critère légal du quasi-contrat l'acte préalable, qu'il a appelé « fait volontaire » au lieu de prendre l'assentiment conscient, là est l'erreur.

Une volonté qui *agit pour s'obliger* et *sachant* qu'elle s'oblige n'est pas de même ordre qu'une volonté qui agit, *ignorant* qu'elle s'oblige(1). Et c'est au profit de cette volonté inconsciente, quoique préalable, que l'art. 1371 a passé sous silence, le consentement imparfait, sous toutes ses

du législateur. Hors d'elles il n'y a que réglementation artificielle et quelquefois tyrannie.

Fenet, l'un des auteurs du code, cité par Marcadé, proclamait que « la loi doit vouloir pour nous ce que nous voudrions nous-mêmes si nous étions justes. Les engagements qu'elle suppose entre les hommes, dans les cas imprévus, sont fondés sur ces grands principes de morale, si profondément gravés dans le cœur de tous les hommes, qu'il faut faire aux autres ce que nous désirerions qu'ils fissent pour nous dans les mêmes circonstances et que nous sommes tenus de réparer les torts et dommages que nous avons pu causer ».

(1) « Toute action libre a deux causes : l'une morale, savoir, la volonté qui la détermine, l'autre physique, savoir, la puissance qui l'exécute. Qu'un paralytique veuille courir, qu'un homme agile ne le veuille pas, tous deux resteront en place » (*Contrat social*, III, 1).

formes : ratification ultérieure, consentement tacite, adhésion indirecte, consentement partiel, etc...

Et voilà comment le quasi-contrat de *Société* ou d'indivision est resté, avec beaucoup d'autres, en dehors de la définition de l'article 1371.

« Les commentateurs, nous dit-on, citent d'autres cas de quasi-contrats : la procréation des enfants, le maintien (1) de l'état d'indivision entre co-propriétaires, etc ; qui tous supposent un acte (ou une abstention) volontaire d'une au moins des parties. »

Si l'on admet qu'un quasi-contrat puisse naître d'une abstention volontaire, n'allons pas plus loin : la solidarité est un quasi-contrat par abstention volontaire et tout est dit.

Si, au contraire, comme cause génératrice des quasi-contrats, on rejette l'abstention volontaire pour n'admettre avec l'article 1371 que le « fait volontaire », alors « l'indivision » ne trouve plus place parmi les quasi-contrats que dans des circonstances tout à fait exceptionnelles.

En effet, l'indivision la plus fréquente est celle qui naît entre cohéritiers. Or, le fait générateur de cette indivision-là étant la mort du *de cujus*, il faudra, pour respecter le système de l'article 1371, déclarer que l'indivision entre cohéritiers est ou n'est pas un « quasi-contrat » selon que la mort, génératrice de cette indivision, a été volontaire ou involontaire ! Quasi-contrat dans le cas de suicide ou de sacrifice volontaire, que deviendra cette indivision liée au sort d'une volonté qui s'est peut-être reprise à la dernière minute ?

La même difficulté se représente pour d'autres espèces de quasi-contrats : tutelle, procréations d'enfants, etc. (2).

---

(1) Ce n'est pas seulement le « maintien », c'est le « fait » même de l'indivision qui est générateur d'obligations. Les absents, incapables, mineurs, etc., sont tenus des charges de l'indivision (Cf. Pothier, loc. cit.).

(2) La tutelle serait un quasi-contrat dans le cas où le tuteur pouvait la refuser, et cesserait de l'être dans le cas contraire.

La procréation d'enfants donnerait lieu aux mêmes embarras, s'il

Toutes ces contradictions n'existeraient pas si, dans le vaste territoire des obligations naissant *quasi ex contractu,* le législateur n'avait eu la malencontreuse idée de circonscrire l'étroit terrain des obligations qui naissent *ex facto voluntario,* et s'il n'avait ajouté à ce premier tort la faute de donner à cette petite catégorie le nom consacré à tout le genre par l'usage.

Le mot « quasi-contrat » qui, avec Pothier et tous les anciens jurisconsultes, avait un sens général et générique, ne possède plus dans notre Code civil, grâce à la mauvaise définition de 1804, qu'un sens étroit et particulier. Pour éviter l'amphibologie, il faudrait, de nos jours, déclarer explicitement auquel de ces deux sens on se réfère.

Ainsi, M. Bourgeois l'a pris dans son sens générique, et M. d'Eichthal lui donne, au contraire, le sens spécial; mais il suffit, pour rétablir l'accord entre eux, que la distinction soit faite entre ces deux sens, et que le mot *droit* civil remplace le mot *code* civil mis par inadvertance dans un ou deux passages.

Rappelons d'ailleurs, comme nous l'avons constaté dès le début, que l'accord règne entre eux sur le principe général : tous deux admettent l'existence des « engagements sans convention »; seule la définition injustifiable de l'art. 1371 les divisait : il est d'autant plus facile de l'éviter pour l'avenir que M. Bourgeois ne s'est jamais appuyé sur cette définition.

Nous nous sommes un peu étendu sur ce point pour deux

fallait évaluer le degré de volonté dans le fait initial. Quid du *viol,* qui, délit civil, ne peut jamais obliger la victime, mais seulement le délinquant? Quid aussi de l'obligation de déclarer un nouveau-né, à l'état civil (article 56 Code civil), si un accouchement survient sur la voie publique? Quasi-contrat pour le passant qui secourt volontairement la parturiante, cette obligation cesserait d'être un quasi-contrat pour le sergent de ville en service commandé et dont la présence serait involontaire? etc., etc...

raisons : d'abord, parce que la critique très nette de
M. d'Eichthal appelait une étude approfondie et méritait par
son importance même une réponse précise ; ensuite, parce
que le mot « quasi-contrat » a déjà conquis droit de cité et
qu'il paraissait digne d'être conservé dans la terminologie
solidariste. Son étymologie même le rapproche du « Contrat
social » de Rousseau, tout en l'en distinguant. Il semble
bien choisi pour l'objet qu'il désigne, et comme son emploi
ne se heurte à aucun obstacle radical, nous avons pensé,
bien qu'au fond la doctrine eût pu logiquement s'en passer,
qu'il valait d'être défendu et conservé.

*Le quasi-contrat, de droit privé, est-il transportable dans
le droit public?* — Une autre objection adressée (non par
M. d'Eichthal) à la thèse du quasi-contrat consiste à dire que
les principes du « droit privé » ne sont pas applicables au
« droit public ».

Sans doute les deux branches du droit sont distinctes,
mais elles n'en appartiennent pas moins au même arbre.
Que, pour leur classement, on s'ingénie à analyser leurs
différences, que, par ces différences, on délimite soit les
domaines des divers enseignements, soit l'étendue des
diverses compétences, de telles classifications sont licites.
Mais si ces frontières ont leur utilité pratique, elles ne sont
néanmoins que des frontières artificielles. Nulle solution
de continuité ne peut être constatée entre le juste social et
le juste individuel ; il n'y a pas *deux* justices ; il n'y a pas
deux droits étrangers l'un à l'autre, dont le premier serait
le monopole exclusif des sociétés, le second le domaine
privilégié des individus.

« Toute question de droit politique ou public, dit M. A.
Fouillée, ne se résout-elle pas pour chacun en une question
de droit personnel qui intéresse à la fois la fortune, la
propriété, la liberté de chaque citoyen ? » (1)

(1) *Science sociale contemporaine*, p. 22.

Et un inspecteur général dont la science juridique a fait honneur à notre corps, Emile Acollas, a écrit : « La loi ne devrait pas distinguer entre le droit *individuel*, le droit *public*, le droit *international*. Il n'y a qu'un droit un, unique, idéal, dont la *loi* de Montesquieu est l'expression » (1).

Analyse juridique de la solidarité sociale. — Si, descendant de ces généralités, nous procédons à une analyse sommaire des éléments juridiques de la solidarité sociale, qu'y trouve-t-on ? Un véritable entrelacement de quasi-contrats ; et entre autres, ceux-ci :

A). *Une communauté d'indivision.* — Chaque citoyen possède en commun le domaine public, les établissements publics, les forêts domaniales et communales, etc... il possède aussi en commun le patrimoine idéal, l'œuvre historique de sa patrie, son prestige moral, son crédit, etc. ; n'est-ce point là ce que Pothier appelle « le quasi-contrat de société » « ou de communauté » ? Sans doute, ici, le partage (art. 815. C. c.) ne peut être, comme en matière civile,

----

(1) Dans un article tout récent, M. le professeur Saleilles dit : « Il faut savoir si entre le droit public et le droit privé subsiste la séparation infranchissable que l'on avait établie jusqu'alors, ou s'il n'y aurait pas plutôt *deux faces distinctes d'un fait unique, celui de la solidarité sociale, condition et résultante tout à la fois de la vie en société.*

« Les droits subjectifs individuels, bien loin d'être indépendants de l'idée de vie collective, ne seraient que l'expression des rapports sociaux considérés dans chaque individu ; ce qui ne veut pas dire que la société ait qualité pour méconnaître le droit individuel, puisque le progrès social est lui-même conditionné par le respect des initiatives et des libertés individuelles, mais ce qui veut dire tout au moins que ces droits subjectifs ne peuvent entrer en conflit direct avec les conditions essentielles de la vie collective, et que leur contenu se délimite d'après leur faculté d'adaptation au fonctionnement social » *(Revue politique et parlementaire,* 10 avril 1903, p. 118).

imposé par une seule partie à toutes les autres (1). Mais, ce qui importe, ce n'est pas de savoir comment la « communauté » peut disparaître, c'est de savoir ce qu'elle est pendant qu'elle existe. Or, la communauté collective des concitoyens sur le domaine national est de même nature que la communauté d'héritiers sur une succession indivise. C'est un quasi-contrat d'indivision.

B). La division du travail et l'organisation administrative, qui ne sont autre chose que des *gestions d'affaires* de tous par quelques-uns, sans mandat explicite. (Nombre de mandants n'étaient pas nés quand les mandataires géraient déjà pour eux). Quasi-contrat formel des articles 1372 à 1375.

C). Ce que M. Léon Bourgeois a nommé la « dette sociale », n'est évidemment pas une dette contractée ; mais c'est la « *réception inconsciente d'indû* », quasi-contrat formel (art. 1376 et 1380) d'où résulte logiquement l'obligation de remboursement.

D). La *procréation des enfants assistés* qui impose à la société (Etat et Département) des obligations pécuniaires et morales d'autant plus quasi-contractuelles que le fait de la procréation se double d'ordinaire d'un « fait purement volontaire », l'abandon. Si l'éducation des enfants est une obligation contractuelle pour les parents légitimes (art. 203 C. c), peut-elle être autre chose que quasi-contractuelle pour ceux à qui en incombe la charge à leur défaut ? (Les jurisconsultes classent la puissance paternelle parmi les quasi-contrats. Que sont alors les lois Roussel de 1874 et 1889 par lesquelles la société intervient dans ce quasi-contrat ?)

En pure doctrine, la solidarité sociale n'apparaît donc pas seulement comme *un* quasi-contrat, elle est pour ainsi

(1) La vente des biens nationaux, l'aliénation de certaines parcelles du domaine, n'ont jamais abouti à un partage, mais seulement à une atténuation d'impôt. Quant aux partages communaux, ils sont exceptionnels.

dire *le* quasi-contrat même (1) ; celui-ci est réalisé en elle et par elle sous ses formes les plus usuelles.

Comment pourrait-on refuser à cette solidarité *résultante* le pouvoir générateur d'obligations qu'on accorde aux quasi-contrats *composants* ?

La société est-elle un fait dépourvu de tout consentement? — Dira-t-on qu'avant de définir les fonctions et le droit de la société, il faudrait définir tout d'abord cette société même ?

« Je n'ai jamais ouï parler du droit public, disait Montesquieu, qu'on n'ait commencé par rechercher soigneusement l'origine des sociétés, ce qui me paraît ridicule. Les hommes *naissent tous liés les uns aux autres* ; un fils est né auprès de son père *et il s'y tient* : voilà la société et la cause de la société » (2). C'est là une constatation plus exacte que le fameux « L'homme est né libre et partout il est dans les fers ! » Mais une constatation n'est pas une explication.

Pourquoi l'enfant se tient-il auprès de son père ? par besoin ? par soumission ?

Pourquoi l'adulte reste-t-il en général, là où il est né ? par amour ? par intérêt ? par indolence ? par liaison morale ? par communauté de langage ? par habitudes locales ? par acclimatation ? par imitation ? par réflexion approfondie ? Qui pourra dire le mobile dominant pour chacun ? qui pourra surtout donner l'exacte résultante de tous ? (3)

(1) M. Fouillée pousse même l'idée plus loin. « Ce n'est pas seulement ce que les juristes nomment un quasi-contrat, comme quand quelqu'un paie par erreur la somme due par un autre ; c'est un contrat réel dont le « signe juridique » est l'action au lieu d'être une parole ou une signature » (*Science sociale contemporaine*, 1880, p. 11).

(2) Lettre persane. N° 95.

(3) Aristote prenait comme fondement de la société l'instinct naturel qui fait de l'homme un animal sociable ; — mais qu'est-ce que l'instinct ? Montesquieu (*Esp. des lois*, 1, 3 et X, 3), Fichte (d'après X. Léon), M. Cantecor (in *Rev. de Métaphysique*, septembre 1901), etc., recon-

Mais ce qu'on peut constater, c'est que la société existe ; c'est que, composée d'êtres sensibles et raisonnables, il se dégage d'elle une moralité générale, facteur et fonction des moralités individuelles ; c'est qu'un idéal collectif oriente les individus vers des fins communes, parmi lesquelles figure au premier rang la conservation de la société et la protection de ses membres.

Bien qu'on trouve à la base de la société un fait involontaire, la naissance, on ne peut nier cependant que l'incorporation ne se maintienne ensuite par un consentement implicite, analogue à la tacite-reconduction.

naissent comme cause de la société le caractère universel de la raison humaine ; — n'est-ce point mettre hors de la société les enfants, les idiots, aliénés, etc.

L'art. 3 du Code civil et Rousseau, dans un passage du contrat socia (IV, 2), prennent le territoire comme lien social primordial ; — mais alors en conquérant un territoire, on conquérerait aussi les habitants ; et les seuls peuples capables d'échapper à cette servitude de la glèbe seraient les nomades, Touaregs et autres, dont la vie serait l'idéal des peuples libres.

Renan dit au contraire : « L'homme n'est esclave ni de sa race ni de sa langue, ni de sa religion, ni du cours des fleuves, ni de la direction des chaînes de montagnes. La nation, comme l'individu est l'aboutissant d'un long passé d'efforts, de sacrifices et de dévouements. C'est une grande solidarité constituée par le sentiment des sacrifices qu'on a faits et de ceux qu'on est disposé à faire encore... » — Cette éloquente définition qui visait l'Alsace-Lorraine conçoit une nation idéale exempte d'égoïsme, indépendante du sol et du climat. Est-ce la réalité ?

Dans l'*Essai d'une Philosophie de la Solidarité* (p. 87), M. Bourgeois indique, entre autres causes de la Société, le désir de mutualiser les risques de la vie ; — mais il ne donne pas cette raison comme exclusive, puisque, faite d'intérêt, elle ne saurait expliquer le sacrifice volontaire fréquent chez de vrais patriotes.

Les uns, épris de liberté, ne voient dans la Société que le terrain naturel du *struggle for life*. « Laissez faire, laissez passer et *vœ victis* ! », la Société est le bouillon de culture des forts où s'épanouira le « surhomme » ; — les autres, à l'autre pôle, pris de pitié profonde pour la

C'est à la vie sociale que semble surtout s'appliquer le vieux dicton : « Qui ne dit mot consent ». Le bruit et l'éclat sont le propre de la protestation ; la réflexion, le calme et le silence sont le propre de l'acquiescement.

Puisque cette question du consentement social se représente ici, liquidons-la une bonne fois.

Par le seul fait que la société dure, il faut nécessairement présumer le consentement de ses membres (1).

misère humaine en arrivent à donner à leur compassion et à leur idéal social cette formule « La fraternité ou la mort ! »

Fustel de Coulanges indique comme source de la société antique le serment solennel qui concluait définitivement le contrat social par l'admission dans la cité après les initiations préliminaires aux cultes de la famille, de la phratrie et de la tribu ; — c'était le rêve même de Rousseau qui trouvait là sa réalisation... mais nulle part l'homme ne fut plus « dans les fers » que sous ce régime. (Cité antique, p. 145 et p. 265.)

Pour les catholiques, la société prend sa source dans le péché originel, par la lointaine solidarité pénale établie entre le premier coupable de l'Eden et tous ses innocents descendants. Pour les évolutionnistes, au contraire, l'âge d'or est conçu comme espoir et non comme regret, et la société n'est que la collaboration des hommes travaillant à l'institution du meilleur devenir.

De Ménénius Agrippa jusqu'à MM. Izoulet, Papillaud, Worms, etc., nombre de sociologues voient dans la société un organisme doué d'une vie ou au moins d'une évolution propre, évolution de l'hyperzoaire superposée à celle des métazoaires constituants ; — M. Fouillée, complétant ce concept biologique par celui du consentement individuel, définit la société comme un « organisme contractuel ».

Enfin si l'effort de la sociologie moderne aboutit aux trois lois que M. Tarde fonde sur : la *répétition*, l'*opposition* et l'*adaptation* des phénomènes, n'est-ce pas revenir par un savant détour au déterminisme instinctif d'Aristote ?

Qui oserait, parmi tous ces systèmes, faire un choix définitif et surtout un choix excluant tous les autres ?

(1) « Encore qu'ils n'aient point contracté directement et personnellement pour l'établissement des règles sociales, les membres d'une société

Nul groupement d'êtres volontaires ne pourrait subsister sans l'assentiment continu de ces êtres élémentaires.

Morale ou physique, la cohésion du tout suppose l'adhésion individuelle des parties.

Bien plus, la cohésion étant continue, il faut que l'adhésion élémentaire soit aussi continue.

Mais, comment cette continuité pourrait-elle être obtenue dans la société autrement que par consentement tacite ?

Même si la société d'aujourd'hui résultait d'un suffrage préalable unanime de ce matin, ou était ratifiée ce soir par un *referendum* réunissant l'assentiment universel, dès demain l'unanimité serait détruite, il faudrait procéder à une nouvelle consultation pour les nouveaux venus de la nuit. Le consentement *explicite perpétuel* est impossible à établir d'une manière continue ; seul le consentement tacite peut réaliser la permanence dans l'adhésion volontaire (1).

donnée ont retiré par leurs ancêtres et ensuite par eux-mêmes une telle part des avantages sociaux que leur acceptation, leur consentement semblent à bon droit impliqués, leur signature apposée pour ainsi dire avant qu'ils aient eu le temps et l'âge d'y penser » (Renouvier, *Science de la morale*).

(1) Qui prouvera que le consentement tacite soit moins favorable à la liberté que le consentement explicite ?

La cité antique était contractuelle au premier chef, puisque fondée sur le plus solennel des contrats, le serment. Et cependant Fustel de Coulanges déclare qu'elle ne connut jamais la liberté individuelle (Cité antique III, 18). Le plébiscite de 1870 a ratifié explicitement le second Empire ; le sujet impérial était-il plus libre que le citoyen républicain ?.. Si le plein consentement ne pouvait résulter que d'une déclaration explicite, l'étranger naturalisé serait plus Français qu'aucun de ses compatriotes indigènes ; qui l'admettra ?

L'Église catholique, par le sacrement de confirmation, transforme le baptême involontaire en adhésion consentie... et cependant le fidèle y est-il plus libre qu'ailleurs ?

Dira-t-on que cette interprétation des silences individuels empiète sur la liberté ? Non, puisque l'exode reste libre : nulle puissance ne retient malgré lui le citoyen qui veut s'éloigner. Dans tout pays, à toute époque, il y eut des émigrants et des déserteurs, des apostats et des fugitifs.

Grandes ou petites, les sociétés connaissent les démissions et l'abandon (1).

La société vit de consentements tacites cristallisés en habitude ; c'est l'aboutissant d'une série de volitions, souvent inconscientes, coordonnées en disciple traditionnelle.

« L'existence d'une nation, dit Renan, est un plébiscite de tous les jours comme l'existence de l'individu est une affirmation perpétuelle de vie » (2).

De la personne sociale. — Je me suis engagé à ne pas assimiler la société à un être physiologique, et, en dépit du vieil apologue de Ménénius Agrippa, à ne pas la définir comme une personne biologique (3). Mais il ne me sera pas interdit de la considérer comme une personne civile, quand elle réunit les caractères exigés par les jurisconsultes (4).

---

(1) Chaque jour des enfants rompent avec le foyer natal pour fonder de nouveaux foyers ; des conjoints rompent le lien matrimonial ; des désespérés même rompent avec la vie. Font-ils autre chose les uns et les autres que de reprendre leur liberté en s'évadant d'un milieu qui n'était plus à leur gré ?

Les temps modernes eux-mêmes ont connu l'émigration en masse, des huguenots sous Louis XIV, des nobles sous la Révolution, et c'était, là, bien plus une rupture sociale qu'un abandon de territoire.

(2) Qu'est-ce qu'une nation ? (Discours et conférences).

(3) Cette conception organique n'est point inconciliable avec l'idée de contrat ou de quasi-contrat. La théorie de « l'organisme contractuel » proposée par M. A. Fouillée dans sa *Science sociale contemporaine* et reprise par M. Izoulet dans sa *Cité moderne* en est la meilleure preuve.

(4) Les jurisconsultes eux-mêmes ne répugnent pas à la conception organiciste ;

« La solidarité toujours pénétrant davantage dans l'organisme social

C'est quand la coordination des éléments a atteint un degré suffisant (1) pour posséder une *fin commune* et une *organisation capable de l'atteindre* qu'une Société est considérée par les jurisconsultes comme une *personne civile* (2).

Par la reconnaissance de sa personnalité civile, on déclare une société en état de *contracter* (de s'affirmer en justice comme une personne, de poursuivre l'exécution de ses *droits*, d'être astreinte à l'acquittement de ses obligations, etc).

Dès lors que les « contrats » sont possibles pour cette personne civile et qu'elle est tenue des obligations qui en résultent, pourquoi n'en serait-il pas de même pour les « obligations qui naissent sans convention » pour les « quasi-contrats » ?

Ce n'est d'ailleurs pas d'une innovation qu'il s'agit ici. La responsabilité de certaines sociétés a été étendue aux délits et quasi-délits. Et les personnes publiques elles-mêmes telles que les communes n'en sont pas exemptes.

L'art. 106 de la loi municipale du 5 avril 1884, qui a remplacé la loi de vendémiaire an IV, rend encore la commune civilement responsable des dommages causés par des attroupements. Les actes de ces attroupements engagent à la fois les communes dont ils sont originaires et les communes dévastées.

éclaircit le problème de la vie et finalement l'explique... L'unique moyen de rendre immortelle la vie est de la fondre avec les autres vies contemporaines, de la continuer dans les autres vies qui prendront notre place, d'identifier les voix de notre âme avec celles de l'âme collective... Alors, dans le sentiment que la vie continue, l'âme s'enfonce généreusement dans l'œuvre bonne, dans la foi en son indéfinie fécondité. » C. Vivante, *Pénétration du socialisme dans le droit privé*, discours d'inauguration de l'Université de Rome, chez Storok, 1903).

(1) « Le moi est une coordination », a dit Th. Ribot (Maladies de la personnalité, p. 178), à plus forte raison est-ce vrai de la Société même.

(2) Cf prof. Posada, *Revue de droit public*, août 1900.

Nous avons vu, plus haut, que l'abandon d'enfant oblige la société, en dehors de toute ingérence de celle-ci (1).

Dès lors que la société peut être *obligée*, sans sa participation directe, vis-à-vis de l'individu, pourquoi réciproquement l'individu ne pourrait-il pas être obligé envers elle ?

Il l'est en effet. Qu'est-ce que l'obéissance aux lois, sinon une obligation imposée à l'individu sans nulle participation directe de celui-ci ? Dira-t-on que cette obéissance aux lois est « tyrannique » quand elle n'est point précédée d'un *fait purement volontaire* ? Une simple distinction répondra.

Ce « fait purement volontaire » existe pour l'étranger qui traverse notre territoire ou qui y est propriétaire ; il se trouve *obligé* par l'art 3 du Code civil (2). Pour l'étranger naturalisé, c'est bien autre chose, il a adhéré aux lois par un consentement explicite et contractuel... Et cependant pourra-t-on dire que *les mêmes lois* sont tyranniques pour le citoyen indigène, quasi-contractuelles pour l'étranger de passage et seulement contractuelles et libérales pour le naturalisé ?

Que sont enfin le service militaire, l'impôt, les obligations sanitaires, les prescriptions à l'égard de l'état civil (3) du nouveau né, de l'enfant abandonné (4), de la fréquentation scolaire (5), et toutes les lois nouvelles sur le travail des

______

(1) « Une société au sein de laquelle des enfants peuvent encore se trouver abandonnés, est engagée envers ces enfants par ce que les jurisconsultes appellent un *quasi-contrat* ; elle leur doit les aliments avec l'instruction générale et professionnelle, et, en les leur donnant, elle ne fait qu'acquitter une dette générale de justice réparatrice » (*La propriété sociale et la démocratie*, 1884, p. 132, A. Fouillée).

(2) « Les lois de police et de sûreté obligent tous ceux qui habitent le territoire. Les immeubles même possédés par des étrangers sont régis par la loi française. »

(3) Art. 56 et 58 du Code civil et 346 du Code pénal.

(4) Art. 347 Code Pénal.

(5) Loi du 28 mars 1882.

femmes (1) et des enfants (2) et sur les accidents industriels (3), sinon des obligations nées hors de toute participation personnelle de l'individu à qui elles sont imposées ? La société ne dit pas ici « *do ut facias* », mais « *ut facias* » ou « *ne facias* » tout secs.., à moins qu'on admette *la dette* sociale comme un « *dedi* » préalable à cet « *ut facias* » social.

Résumons tout ceci :

La solidarité sociale est constituée par une combinaison de quasi-contrats particuliers (indivision, réception d'indû, gestion d'affaires, procréation d'enfants, etc...). En tant que personne civile, la société est capable de s'obliger et d'être obligée par contrats, quasi-contrats, délits, quasi-délits.

Il existe déjà des sanctions légales précises, pour *obliger* l'individu *à faire* certaines choses sans aucune convention préalable de sa part.

Quelle raison de droit pourrait s'opposer à l'extension de ces sanctions partielles à toute l'étendue du quasi-contrat social (4) ?

Si ce quasi-contrat est juste, ne doit-il pas être la « loi des parties », c'est-à-dire le principe même des lois sociales ?

Tout revient donc à définir la justice dans ce quasi-contrat social ; quand elle aura été déterminée, nous pourrons saluer avec M. Andler (5) la doctrine dont M. Bourgeois est

(1) Loi du 29 décembre 1900.

(2) Lois du 2 novembre 1892 et décrets subséquents.

(3) Lois du 12 juin 1893 sur la « sécurité », des 9 avril 1898 et 12 mars 1902 sur les accidents.

(4) « L'idée d'un droit naturel inhérent à l'individu, cette affirmation de l'inviolabilité de la personne humaine, cette identification des personnes morales, ou d'un mot cette proclamation de l'égalité, voilà l'agent véritable de l'évolution juridique et le progrès de la législation se mesure aux efforts faits pour adapter l'état social à cet idéal moral. » Conférence de M. Malapert, le 20 mars 1899, in *Morale sociale*, chez Alcan.

(5) *Revue de métaphysique et de morale*, 1897.

le patron politique le plus en vue (1), non seulement comme une innovation sociologique, mais comme marquant une ère juridique nouvelle (2).

Faut-il édicter les sanctions de la dette sociale ? — Le droit, pour le législateur, de sanctionner le quasi-contrat étant juridiquement établi, la question qui se pose maintenant est de savoir s'il convient qu'il exerce ce droit. Faut-il en un mot s'en tenir à proclamer simplement la « contrainte » légitime en pure doctrine, ou bien, entrant dans le domaine politique, faut-il l'organiser pratiquement dans la réalité sociale ?

« Toute la question de la liberté, dit-on, consiste préci-

(1) M. Bourgeois n'est pas, à proprement parler, l'auteur initial de la doctrine ; les sources en doivent être recherchées, ainsi qu'il se plaît à le déclarer lui-même, dans Pierre Leroux, Proudhon, Jean Reynaud, Bastiat, Guyau, et surtout dans les œuvres de nos contemporains, MM. Renouvier, Fouillée, Gide, Izoulet, Sully-Prud'homme, etc.

Si les assimilations biologiques étaient permises en cette matière, on pourrait dire que l'œuf de la solidarité n'est pas de lui, mais qu'il l'a fait éclore. C'est ce qui explique que les poussins solidaristes qui commencent à courir le monde se réclament de son aile sans s'inquiéter toujours des parents, premiers fondateurs de la race dont ils sont issus. Ce que M. Bourgeois a donné à la doctrine, c'est une expression juridique plus précise, une forme condensée, un corps propre et distinct des autres systèmes.

Œuvre d'un homme politique, le petit livre « Solidarité » a fait passer la doctrine du monde spéculatif dans le monde politique. Connue des savants, elle restait, avant lui, ignorée du public. Aujourd'hui, c'est le vulgaire qui vient – un peu témérairement — en parler devant les savants.

(2) Cette révolution juridique est d'ailleurs bien anodine si on la compare à ces propositions. « Le droit est d'essence relative. Il change avec la croyance sociale, expression elle-même du besoin. — Le droit de propriété actuel, dans la forme juridique des sociétés industrielles, consiste en un échafaudage de créances, qui ne sont elles-mêmes que des croyances. » In *Affirmation du droit collectif* du professeur Em. Lévy, chez Bellais 1903).

sément à séparer les obligations morales des obligations légales, à déterminer ce qui peut légitimement être imposé par contrainte d'Etat aux citoyens, au nom de la solidarité sociale ou nationale, et ce qui doit rester du domaine de la conscience ou de l'intérêt bien entendu » (p. 171).

Mais on ne donne pas de *criterium*. Le bornage entre les deux domaines reste incertain. Préconisant simplement la « bonne solidarité » facultative aux dépens du mauvais « solidarisme juridique », on nous dit seulement que le second risque de compromettre la première et de l'affaiblir en l'engluant de droit romain et de droit civil.

Cette thèse libérale est bien connue ; on la retrouve dans les domaines les plus variés. Elle est chère aux psychologues qui défendent l'amour libre contre le mariage : celui-ci tuerait celui-là, en l'engluant de droit civil. Il y a malgré cela des législateurs sans poésie qui pensent que le droit civil ne nuit pas à la solidité de la famille.

Qu'il soit préférable d'obtenir l'accomplissement du devoir social par l'union des cœurs, personne ne le conteste ; ce qui reste à décider c'est, lorsque l'union des cœurs ne se réalise pas, si l'on doit préférer la prolongation indéfinie de l'injustice à sa cessation par voie de contrainte légale. C'est, en un mot, de savoir laquelle est la plus sacrée de la *liberté* ou de la *justice*.

Si terrible qu'apparraisse la formule : « Il faut que la Justice soit ! » celle-ci n'est-elle pas plus effrayante encore : « Il faut que la liberté soit ! » (1).

(1) Des voix autorisées ont signalé sur plus d'un point les défauts d'organisation qui résultent de la liberté excessive : « Le devoir s'impose de rétablir sous ces données et dans les vues modernes les deux grands facteurs en qui la France trouva autrefois sa force d'action et de croissance : l'esprit de gouvernement et l'organisation du gouvernement, à la place de l'esprit de dissociation et de personnalisme qui, sous le nom d'esprit de liberté, nous mine et nous dissout ». (Henri Doniol, *De 1815 à 1900*, p. 222, chez Flammarion.)

Les coups de fouet, qui coordonnaient jadis la solidarité laborieuse des esclaves d'Assyrie (1), étaient odieux, nul ne le conteste. Mais ils ne violaient pas que la *liberté*, ils violaient la *justice* ! Dans l'horreur qu'ils inspirent il faudrait faire la part des deux concepts.

Ce départ entre les deux concepts ne s'impose pas seulement quand ils sont unis et alliés, comme ici ; il s'impose surtout quand ils sont opposés.

C'est, en effet, le plus souvent la justice qui sert de barrière à la liberté. *Ne fais pas* à autrui ce que tu ne voudrais pas qu'il te fît (2).

Si l'on posait en principe que la justice doit s'effacer devant la liberté, il faudrait tout d'abord supprimer le Code pénal. C'est le principe contraire qu'il faut proclamer et réaliser : c'est la liberté qui doit céder à la justice.

Cela ne veut pas dire qu'il faille sacrifier systématiquement la liberté, si brillamment défendue par M. d'Eichthal. Elle a droit aussi à de légitimes égards.

Mais ce n'est pas dans l'*action* que la liberté nous apparaît le plus sacrée (3), c'est dans la *conscience*. Je veux dire que si l'on doit sauvegarder le libre consentement de l'individu, ce n'est pas tant lorsqu'il s'agit de *sanctionner*, que lorsqu'il s'agit de *déterminer* ce qui est juste ou injuste.

(1) Compte rendu de l'Académie des Sciences morales et politiques, février 1903, p. 177.

(2) Cf. la définition de Montesquieu, p. 2. — Confucius dit aussi : « Ce que l'on ne désire pas qui nous soit fait, *il ne faut pas le faire* aux autres ». Lun-yu, XV, 23, traduction Pauthier, chez Fasquelle, p. 191.

Quelle plus grande atteinte à la liberté peut-on imaginer que l'incarcération ? Cependant n'est-ce point au nom de la justice qu'elle est infligée ?

(3) Quelle liberté plus fondamentale que la liberté de circulation ? Et cependant on limite la vitesse des automobiles.

Tant que la justice d'une mesure est contestée, il ne serait pas seulement illibéral, mais illégitime de l'imposer.

La qualité de juste ou d'injuste ne peut être attribuée à tel ou tel phénomène que par le consentement général des consciences éclairées par la raison universelle.

Mais, quand la qualification n'est pas discutée, quand le classement comme juste ou injuste est acquis par l'adhésion unanime, alors ne faut-il pas « que la justice soit » ? Une autre solution est-elle possible ? Et si l'union des cœurs est impuissante à se constituer pour assurer la réalisation spontanée de cette justice, ne faut-il pas appeler la loi à la rescousse ?

Or la seule contestation qui nous est opposée ne porte pas sur l'inexistence de la dette sociale, pas davantage sur son injustice ; on se borne à dire que la liberté serait violée si le remboursement de la dette sociale était imposé par voie de contrainte légale.

N'est-ce point là sous une forme plus élégante la thèse bien connue des anarchistes (je parle des anarchistes philosophes et non des propagandistes par le fait) ? Toute loi, quelle qu'elle soit, viole la liberté absolue. Cette dernière ne peut vivre en société, son terrain est la forêt vierge (1).

Pour sortir de ces généralités un peu fuyantes, prenons un exemple concret : la procréation d'enfant (quasi-contrat social par excellence, puisque tont être humain y fut au moins partie passive).

Quasi-contrat de procréation. — La nature impose, ici, à la femme des charges plus lourdes qu'à l'homme ; c'est un des cas où, selon l'expression de M. Bourgeois, elle nous apparaît non pas injuste, mais *ajuste*.

Appliquons successivement à ce quasi-contrat de fait les deux systèmes en discussion.

(1) Cf. notre article *Solidarité et Charité* (*Revue Politique et Parlementaire*, 10 juin 1901, p. 543).

Dans le premier, la loi ne doit prendre souci que de la liberté, et fort de ce principe, l'homme s'écriera : « La nature ne m'a imposé ni la gestation ni l'allaitement ; respectez ma liberté masculine. Ne confondez pas le domaine moral et le domaine juridique. Ma dette de mâle ne saurait être évaluée. J'ai peut-être l'obligation morale d'aider la mère à élever mes enfants ; mais laissez-moi la chaîne souple de Joseph de Maistre, son élasticité fera le mérite et l'efficacité de mon aide.... si je l'accorde. L'important est que ma liberté ne soit pas dès l'abord immolée. »

Le législateur de 1804 paraît s'être inspiré de cette doctrine (1), car son article 340 autorise certains mâles humains à se montrer comme pères moralement inférieurs au perdreau, au *gobius minutus* (2) et au crapaud.

Résultat : les Françaises sont aujourd'hui encore livrées sans défense légale aux entreprises du premier venu, même étranger, qu'elles rencontrent, et le Français lui-même a désappris ce respect de la femme qui était jadis la parure de notre race et l'honneur de notre pays (3).

---

(1) Non certes que l'inspirateur suprême du Code fût un libéral ; Napoléon, par les art. 340 du Code civil et 317, 349, 352 du Code pénal, n'a cherché qu'à augmenter la production de chair à canon. Celui qui comptait sur « une nuit de Paris » pour réparer une perte sanglante s'inquiétait peu de la liberté ; mais il voyait (à tort !) dans l'irresponsabilité masculine une source féconde de bâtards où se recruteraient plus tard ses gardes prétoriennes. Ces calculs ont été déçus, car la femme s'est protégée elle-même et en dépit de la loi contre une maternité qu'on lui faisait trop onéreuse. D'où notre « dépopulation ».

(2) Archives de zoologie expérimentale, vol. X, 1893. Mémoire de M. Guitel.

(2) « Il est peu logique, disait M. F. Le Play, de réprimer la violation des moindres contrats, quand on laisse la séduction impunie » (*Organisation du travail*, p. 303).

Le distingué sociologue ne répugnait pas, on le voit, à réclamer la sanction d'un quasi-contrat.

Voilà où l'on arrive quand on sacrifie l'idée de justice à l'idée de liberté (1) ; voilà où mène la suppression de toute sanction quand on abandonne au bon plaisir des individus l'accomplissement des devoirs les plus certains.

Si, au contraire, nous appliquons au même exemple la doctrine solidariste, nous partons de ce principe : « Il faut que la justice soit ! »

Cela ne veut pas dire que la doctrine prétende réformer la nature ; elle n'a point cette prétention. Elle borne nettement et explicitement son rôle à la réparation des « injustices résultant du fait de l'homme ». Elle dira : « l'homme a participé comme la femme à la procréation de l'enfant ; il a bénéficié des avantages, il doit contribuer aux charges. Une société d'indivision est consacrée par la naissance de ce passif qu'est l'enfant. Les deux associés sont tenus l'un et l'autre d'acquitter leur quote-part dans ce passif indivis. Il serait injuste de le laisser à la charge d'un seul.

(1) « Nombreux sont les cas, dit Mme Oddo de Flou, où l'homme n'essaye même pas de nier. Il se prévaut de ses avantages légaux et n'y met pas la moindre vergogne. Comme la loi le couvre, il trouve sa conscience bien à l'abri, car il y a peu de gens assez délicats pour croire qu'il reste quelque chose à faire là où la loi ne prescrit rien. « La loi, dit M. Gustave Rivet, est la conscience de ceux qui n'en ont pas..... C'est souvent un homme de la classe aisée qui séduit une fille du peuple ; l'inverse n'a presque jamais lieu..... l'impunité enhardit le débauché comme le malfaiteur. La responsabilité est le prix de la liberté, nous devrions être joyeux de la payer. » (La Recherche de la Paternité, conférence de Mme Oddo de Flou, février 1903.)

Mme d'Abbadie d'Arrast, s'inspirant à la fois des projets de lois Bérenger au Sénat, Rivet à la Chambre, de la thèse du « Fils naturel » au théâtre et du mot de J. Bonzon sur la « paternité alimentaire », a terminé son éloquent discours au Conseil national des femmes de France par ces mots : « Parfois, dans la monotone série des douleurs quotidiennes, des éclaircies radieuses déchirent nos ténèbres ; c'est lorsqu'un rayon de la *justice éternelle* perce les obscurités désespérantes de la destinée humaine. » (Mai 1903.)

Tous deux sont solidairement tenus des obligations solidaires résultant de leur fait commun. » Et l'on aboutit ainsi, par la doctrine solidariste, à la proclamation de ce que M. Jacques Bonzon a appelé « la paternité alimentaire » (1).

Une foule d'autres espèces fourniraient des conclusions analogues.

« Toute injustice doit être réparée », voilà le principe et l'objet même de la loi.

Sans doute, il faut souhaiter que l'accomplissement volontaire et préalable rende l'intervention légale superflue. Mettons l'initiative spontanée à l'avant-garde, comme le disait très bien M. Aucoc, mais gardons la sanction légale en réserve à l'arrière-garde (2).

Que les sanctions légales soient superflues (3), peut-être même humiliantes pour les natures généreuses, on ne le saurait nier. Mais la question n'est pas de savoir si ces sanctions sont absolument nécessaires pour tous sans exception, la question est de savoir si elles sont nécessaires pour le plus grand nombre. C'est moins la beauté du geste qui importe que son efficacité (4).

Qui oserait affirmer que, au point de vue solidariste, nous ayons socialement atteint cet âge où, selon le mot de Le Play (5), « la contrainte morale qui vient de la conscience

(1) Cf *La recherche de la paternité*, de H. Pouzol, Alcan, 1902.

(2) Compte rendu de l'Académie des Sciences morales et politiques, 1886, p. 579.

(3) Les dettes de jeu et les dettes d'honneur sont, en général, fidèlement payées ; mais elles ont une sanction qui, pour n'être pas dans la loi, n'en corrobore pas moins l'obligation morale, c'est l'opinion publique. Divulguées, ces dettes s'imposent moins par elles-mêmes que par le poids que l'estime des tiers jette dans la balance. Ignorées, sont-elles aussi fidèlement acquittées ?

(4) Sans doute « La beauté de la charité est dans la liberté » ; mais Victor Cousin n'a pas dit que son « efficacité » s'y trouvait aussi.

(5) *Organisation du travail*, p. 35.

est plus efficace que la contrainte légale exercée par les autorités sociales? » Tant que nous n'aurons pas atteint cette majorité morale, gardons précieusement l'indispensable arrière-garde de M. Aucoc.

Ménagements pratiques. — Mais, si la conciliation semble difficile sur le principe même de la sanction solidariste, un terrain d'entente serait peut-être facile à trouver dans la pratique.

Toujours l'application exige des ménagements où l'*élasticité* trouverait le plus heureux emploi. C'est pour cette raison que toutes les lois de principe sont suivies de règlements d'administration, de circulaires, d'arrêtés et quelquefois même de transgressions tacites dans les espèces isolées... l'absolu n'est point le propre de l'homme. Le droit pénal s'est depuis longtemps inspiré de ces vues. Ses progrès se mesurent au degré d'élasticité laissée à l'appréciation du juge. Les circonstances atténuantes, la loi Bérenger, la libération conditionnelle, la réduction cellulaire, le droit de grâce ont largement transformé les fers rigides du code primitif en « chaînes souples » ; et déjà l'on voit poindre les « circonstances très atténuantes (1), la loi de pardon (2), les « sentences indéterminées (3) » et l' « individualisation de la peine (4) »...

Sont-ce là des suppressions de sanction ? sont-ce des atteintes au principe répressif ? Non ! Ce sont des assouplissements de chaînes, non des suppressions.

Et la meilleure preuve, c'est que fréquemment des lois nouvelles viennent combler les lacunes que la pratique révèle dans la législation. Faut-il rappeler à ce sujet les luttes infatigables de M. Bérenger contre les délits oubliés, et en

______

(1) Projet Chaumié et Leydet au Sénat.
(2) Projet de loi Morinaud à la Chambre.
(3) Professeur Van Hamel, d'Amsterdam.
(4) Professeur Saleilles, de Paris.

particulier la toute récente victoire que son zèle a remportée sur *la traite des blanches* ?

A l'œuvre de M. Bérenger dans le droit répressif, il faut souhaiter un équivalent dans le droit social. C'est vers ce but que tend la doctrine solidariste.

De nombreuses lacunes existent qui demandent à être comblées, j'ai cité l'article 340 qu'il faudrait supprimer, combien d'autres qu'il faudrait ajouter ! Puisse la loi réaliser les conceptions progressives que nous acquérons de la justice !

Qu'on ménage dans l'application toute l'élasticité nécessaire, nous y applaudirons ; mais que la loi cesse d'ignorer par principe libéral les injustices sociales démontrées ; c'est son honneur de les proclamer et son rôle de les réparer.

Que de domaines où, dès maintenant, la sanction légale a procuré des résultats que l'initiative spontanée eût été impuissante à produire !

La loi militaire nous a donné une armée, la loi de finance nous donne un budget, la loi scolaire nous forme une nation (1), la loi sanitaire nous promet une hygiène, que la loi sociale nous donne l'espoir de la justice dans la solidarité !

De la justice solidariste. — Puisque nous en sommes invariablement ramenés à ce concept de justice, — concept que M. Bourgeois fait intervenir explicitement comme agent de transformation entre la solidarité *qui est* et la solidarité qui *devrait être*, — il convient de s'y arrêter et d'essayer de le définir.

Etrange prétention, dira-t-on ! quand un idéal sert de guide à l'humanité depuis qu'elle existe, il est un peu tard pour s'aviser de le définir !

Ce n'est pas de la justice en soi qu'il est ici question, mais de la conception plus ou moins exacte que l'humanité arrive à s'en faire au cours de son évolution.

(1) Toutes les objections contre l'obligation de l'assistance ont été jadis présentées contre l'obligation de l'instruction primaire.

« Il faut reconnaître, dit M. Henry Michel, qu'il existe autour du domaine circonscrit de la justice traditionnelle des terres libres sur lesquelles la conscience humaine fait d'incessantes conquêtes. La pure essence de la justice ne subit de ce fait aucune altération. Tout ce qui avait été regardé comme exigible continue de l'être, et ce qui le devient tout à coup l'était bien avant que nous nous en fussions aperçus (1). » Recherchons donc la meilleure définition connue de la justice.

Rousseau fait intervenir la justice comme régulateur social (2); c'est par elle qu'il limite la liberté individuelle dans la société. Mais il néglige d'exprimer cette justice elle-même en fonction de la société; il garde la définition abstraite exclusivement énoncée en fonction de l'individu : « Respecte le droit d'autrui. »

Cette formule vague ne suffit plus à la théorie solidariste, qui diffère ici très nettement du contrat social ; c'est une des trouvailles les plus originales de la nouvelle doctrine d'avoir conçu la justice non plus *in abstracto*, mais dans la réalité sociale elle-même.

« La justice entre individus isolés n'est pas la même qu'entre individus solidarisés en société, dit M. Léon Bourgeois. La solidarité est un fait antérieur à la liberté et, par conséquent, ni la liberté, ni la justice ne peuvent se définir au point de vue de l'être social, qu'en fonction de la solidarité (3). »

Il ne suffit plus de dire: « la justice, c'est le respect mutuel des droits de chacun ». Cette formule générale sous-entend un postulat préalable ; il faut, avant d'appliquer la formule, s'assurer de la préexistence du postulat.

---

(1) L'*Idée de l'Etat*, par Michel, p. 643. C'est aussi la conception de Montesquieu citée plus loin.

(2) *Contrat social*, I, 8.

(3) *Essai d'une philosophie de la solidarité*, p. 22, 32, 41, 42.

Ce postulat sous-entendu, c'est que le droit individuel de chacun *est égal* au droit individuel des autres ; c'est que tous ces droits sont réellement des unités de même espèce, comparables les unes aux autres, interchangeables, et égales entre elles.

Si, contrairement au postulat, ces droits étaient inégaux, il faudrait, avant de proclamer leur respect mutuel, les avoir tout d'abord ramenés sur le pied d'égalité que sous-entend la définition.

Mais cette égalité des droits individuels ne peut être réalisée que si chaque individu s'est libéré des redevances ou des obligations qui grèvent son propre droit. En particulier, un débiteur ne peut égaler son « droit total » au « droit total » de son créancier qu'après acquittement de la dette qui les sépare. Ce principe, appliqué à la dette sociale, rend nécessaire l'acquittement préalable de cette dette avant que chaque homme social puisse égaler son droit à celui des autres (1). C'est alors seulement qu'on pourra établir et maintenir, entre tous les droits individuels redevenus égaux, le mutuel respect qu'ils se doivent.

Telle est la définition de la *justice* dans la doctrine solidariste. La correction qu'elle fait ainsi subir à la conception courante de la justice est analogue à celle que pratique un physicien qui, pour prendre une température exacte, tient compte du déplacement du zéro.

Les lois prennent, en général, pour zéro social, le zéro apparent, la naissance. Ce fut déjà un grand progrès que de l'établir par la suppression de l'esclavage et l'abolition des privilèges de noblesse. Mais la science sociale s'est affinée comme la science physique ; elle constate aujourd'hui que le zéro est déplacé pour certaines catégories, et dès lors elle ne peut plus se contenter du chiffre apparent et erroné,

---

(1) Dans cette équation il faudra, en toute justice, tenir compte de l'*actif* de chacun aussi bien que de son *passif*.

il lui faut le degré exact. C'est là que les droits individuels doivent être ramenés pour être réellement égaux.

Comme il arrive souvent, la pratique a devancé la théorie (1), et le principe de la correction du zéro a été appliqué en droit social avant d'être formulé. Par exemple, l'assistance judiciaire n'est pas autre chose qu'une correction, nécessitée par un déplacement de zéro. Si la justice était rigoureusement gratuite, toute assistance à l'une des parties serait injustifiable et romprait le principe de l'égalité devant la loi. Mais les frais de procédure déplacent le zéro judiciaire. L'accès du tribunal n'est ouvert qu'après certains frais préalables qui sont autant de degrés à franchir avant d'atteindre le zéro réel. C'est pour tenir compte de ce déplacement du zéro que l'assistance judiciaire a été instituée.

Le Code pénal nous offre aussi de nombreux exemples de déplacement de zéro. La situation faite au récidiviste n'est pas égale à celle du condamné primaire ; et toutes les lois que nous avons citées plus haut ne sont que le résultat des efforts déjà faits pour établir la température pénale *exacte*, au lieu de la température apparente (2).

C'est aussi ce que fait le Code civil dans ses articles 829 et

(1) La solidarité n'est pas une doctrine révolutionnaire reniant le passé pour y substituer un avenir créé de toutes pièces. Elle justifie le présent non moins que l'avenir. Elle apparaît comme le principe préexistant, mais tout récemment aperçu, de toute organisation sociale et de toute législation. Elle explique ce qui est, en préparant ce qui sera.

Si l'on admet que la loi est autre chose que la manifestion promulguée des impressions fortuites du législateur humain, et si la législation apparaît comme l'expression plus ou moins heureuse ou exacte d'un principe rationnel et moral, on trouverait difficilement une base plus rationnelle et plus satisfaisante que la solidarité pour les lois d'assistance jusques et y compris la loi Grammont.

(2) Ici se place une objection classique. Les lois, dit-on, n'ont que faire de ces subtilités, elles puisent en elles-mêmes leur autorité ; elles s'im-

843, quand il prescrit le rapport avant d'égaler les droits des cohéritiers.

Corriger le déplacement du zéro, ou, si l'on préfère, établir dans le bilan social la justice *nette* au lieu de la justice *brute*, telle est la conception qui domine toute la doctrine solidariste, tel est le sens des réformes qu'elle poursuit.

Distinction avec la conception socialiste. — Il reste maintenant à distinguer cet idéal solidariste de l'idéal socialiste.

Bien qu'une conception précise soit assez difficile à dégager des divergences (1) qui séparent les diverses écoles socialistes, il semble, à prendre les systèmes dans leur ensemble, que le socialisme conçoit la justice dans l'égalité de fait plutôt que dans l'égalité de droit (2).

posent au respect de tous en tant que lois, sans discussion sur leur origine.

Mais la réponse est tout aussi classique. Les lois doivent exprimer la vérité et la justice ! Montesquieu, — à qui il faut toujours en revenir en ces matières, — a donné la vraie définition de la loi « un rapport nécessaire qui dérive de la nature des choses... dire qu'il n'y a rien de juste ou d'injuste que ce qu'ordonnent ou défendent les lois positives, c'est dire qu'avant qu'on eût tracé le cercle, les rayons n'étaient pas égaux » (*Esprit des lois*), I, 1)... « Dans l'état de nature, les hommes naissent bien dans l'égalité ; mais ils n'y sauraient rester. La société la leur fait perdre, et ils ne redeviennent égaux que par les lois » *Id.* VIII, 3.

(1) M. Jaurès, par exemple, définit en ces termes la justice dans l'humanité :

« La justice, c'est le respect réciproque de la dignité humaine dans chaque individu assuré par le rapprochement social ; c'est le ressort et l'aboutissant suprême de l'histoire et du mouvement humain, c'est l'universelle fierté humaine dans l'universelle solidarité humaine » (J. Jaurès, *La justice dans l'humanité*, revue socialiste, janvier 1903).

(2) Sur ce point, il se rapproche de Rousseau : « C'est parce que la force des choses tend toujours à détruire l'égalité que la force de la législation doit toujours tendre à la maintenir ». *Contrat social*, II, 11. — Mais ici Rousseau semble se contredire lui-même, car à la fin du même chapitre il déclare que le législateur doit prendre un principe conforme à celui qui naît de la nature des choses.

M. Rauh a donné une formule très heureuse de la différence qui sépare le concept solidariste du concept socialiste : « La justice solidariste est une justice réparatrice (1) ; la justice socialiste est une justice préventive et organisatrice, l'une est une thérapeutique, l'autre une hygiène. »

En dépit de cette distinction, nombre d'esprits voient encore, dans le premier système, le fourrier de l'autre. M. Bouglé s'en réjouit (2), M. d'Eichthal (3) s'en effraye.

Satisfaction prématurée, car le solidarisme se renferme dans des bornes définitives qu'il ne franchit pas ; frayeur d'un autre âge, car les magistrats (4) mêmes à qui est confiée la garde suprême de l'ordre établi ne s'émeuvent plus du mot « socialisme » qui a cessé d'être une menace, pour devenir une indétermination.

Pour rappeler les points de séparation entre les deux doctrines, répétons ces formules tant de fois citées :

« *Ce qui est* collectif, *c'est le point de départ, la solidarité de fait ; le but est individuel, c'est la liberté reconquise par l'acquittement de la dette sociale de chacun* ». Essai... p. 45.

« *Le socialisme poursuit un but positif* : « *la jouissance*

---

(1) Cf. dans la *Science sociale contemporaine*, de M. A. Fouillée, le chapitre sur « la justice réparative ».

(2) « Le solidarisme, dit-il, prétend n'augmenter de l'État que le pouvoir judiciaire ; mais cela nous suffit, car on accordant à ce pouvoir judiciaire le droit de faire exécuter le quasi-contrat social, il consent à *la plupart* des mesures que nous réclamons pour rétablir *l'équilibre entre déshérités et privilégiés*, il est sur la pente du socialisme » (*Revue politique et parlementaire*, 10 mars 1893).

(3) « Le solidarisme juridique qu'on a voulu déduire de la solidarité sociale à l'aide d'une argumentation dont nous avons cherché à mettre en relief à la fois l'ingéniosité et la fragilité conduirait vite à un socialisme avancé, proche lui-même et avant-goût du collectivisme ». (Compte rendu de l'Académie des sciences morales et politiques, février 1903, p. 176.)

(4) Voir discours de rentrée 1900, Cour de cassation, Avocat général, M. Duboin, page 151.

maxima », *le solidarisme s'arrête à un but négatif : l'assurance contre les risques sociaux. L'un cherche des avantages illimités, l'autre une garantie contre l'iniquité d'origine sociale, garantie limitée à la valeur de la dette (p. 108).*

« L'impôt solidariste n'est point un impôt de nivellement, mais un impôt de compensation pour les injustices provenant du fait de l'homme. » (Op. cit. passim.)

Sans doute le socialisme et le solidarisme poursuivent l'un et l'autre un redressement social, comme sanction de leur conception de la justice.

Mais la nature du redressement pratique diffère de l'un à l'autre, aussi bien que le concept doctrinal.

1° En ce qui concerne le « débiteur », le solidarisme ne dépasse pas le domaine de la stricte justice ; il finit à l'acquittement de la dette. Au delà, l'individu est libéré ; il reprend sa pleine indépendance ; il peut acquérir, posséder, capitaliser à son gré selon ses efforts et *même selon ses chances* indépendamment de tout mérite social.

2° En ce qui concerne le « créancier », le redressement solidariste est limité à la stricte « nécessité », l'Etat *doit* assurer l'exercice du « droit de vivre » à « ceux qui sont dans *l'impossibilité physique* de pourvoir aux *nécessités* de la vie » ; mais il n'a pas de pouvoir au delà. L'État n'est point une providence chargée de réaliser le verset « *Pauperes implevit bonis et divites dimisit inanes* » ; son rôle n'est point d'enrichir les pauvres au détriment des riches ; car, soit maladresse, soit incompétence, « dès qu'il va au delà du nécessaire, il encourage la paresse et le parasitisme (1) ».

Selon un mot souvent cité, « le solidarisme fait avec le socialisme une partie du chemin, mais il s'arrête à une étape marquée, il ne va pas plus loin » (2).

_____

(1) H. Monod, *Revue philanthropique,* 10 juin 1901.

(2) Il semble que l'égalité de droit, telle qu'elle vient d'être définie, suffit aux aspirations actuelles de l'humanité. Ce qui tend à le prouver,

Ce n'est pas qu'au delà de la stricte justice, le solidariste reste insensible aux misères humaines. Il ne lui est, pas plus qu'à d'autres, interdit d'avoir du cœur et d'aimer les hommes. Mais il agit alors selon l'inspiration de ses sentiments et non plus selon les règles rationnelles de sa doc-

c'est que nul ne proteste contre l'inégalité de fait résultant d'un tirage au sort, pourvu que les chances préalables aient été équivalentes pour tous, c'est-à-dire pourvu que le *droit* initial de chacun ait été égal au droit des autres.

J.-J. Rousseau (*Cont. soc.*, I, 44) s'accorde avec Montesquieu (*Esprit des lois*, II, 2), pour proclamer les avantages sociaux du « suffrage par le sort ».

Le sort possède la vertu singulière de discipliner toutes les volontés. Il est accepté avec résignation par tous ; et les lois naturelles les plus iniques sont subies en silence dès qu'on les baptise *sort*. Ce n'est pas en vain que dans une langue aussi précise que la nôtre, ce mot désigne à la fois la destinée naturelle de chacun et l'aléa du hasard.

L'impartialité apparente de la nature suffit à courber nos sentiments devant ses inégalités et nous allons jusqu'à nous déclarer égaux devant la mort malgré les délais privilégiés qu'elle accorde aux uns et qu'elle refuse aux autres.

Æquo pulsat pede pauperum tabernas regumque turres.

La mort paraît juste au poète dès qu'elle n'épargne pas les rois ; seules, les inégalités sociales froissent nos aspirations de justice.

A cette tendance humaine, M. Bourgeois donne une satisfaction légitime et suffisante en distinguant entre les risques sociaux et les risques naturels, entre ceux qui, résultant du fait de l'homme, sont corrigibles par le fait de l'homme, et ceux qui relèvent exclusivement de la nature.

Et c'est encore une inspiration fort heureuse que d'incliner la forme même des solutions sociales vers celle qui est usitée pour la réparation des injustices du sort : l'assurance ; cette méthode assure la *réparation* du risque, tout en faisant bénéficier la société de la résignation que l'homme a coutume d'accorder à la nature.

Cette intervention voulue du tirage au sort dans la réparation des risques sociaux avait été réclamée par Francisque Bouillier (*Études familières*, 1884, p. 171 et s.), lorsqu'il demandait des loteries publiques au trine (1). A ceux qui en trouveraient les limites trop étroites, on peut rappeler ce mot qui n'est pas d'un timide en matière charitable : « On marche sûrement quand on ne s'écarte pas du chemin par où le gros des sages a passé » (2).

Saint Vincent de Paul n'est point suspect de sécheresse de cœur.

M. Frédéric Passy, qui est, lui aussi, à l'abri de pareil soupçon, dit à ce propos : « Vouloir aller trop vite, c'est agir comme l'enfant qui veut avancer l'heure en forçant la marche de sa montre » (3).

Précautions économiques. — Ce que les solidaristes s'efforcent surtout d'éviter, c'est d'augmenter les pouvoirs de *gestion* de l'Etat. Ils voient dans le pouvoir social un *agent de garantie*, non un *directeur-gérant* (4).

Ils veulent avec Baudrillard (5) que, tout en « laisant faire » les adultes et les forts, la société « aide à faire » les enfants

profit de la bienfaisance. Le pari mutuel donne à ce vœu un commencement de satisfaction.

« *Mutualiser les risques et les avantages sociaux* revient à admettre à l'avance que, *sans savoir qui supportera* le risque *et qui* bénéficiera de l'avantage, les risques seront supportés en commun et l'accès des différents avantages sociaux sera ouvert à tous » (p. 81. Léon Bourgeois).

(1) « Sans doute, au point de vue moral, dans nos institutions et au fond de notre cœur, tout doit être amour, même la justice ; mais au point de vue social, dans nos actions et nos relations avec les autres hommes, tout doit être justice, même l'amour » (A Fouillée, *Science sociale contemporaine*, p. 869).

(2) Cité par Prévost-Paradol dans une étude sur saint Vincent de Paul.

(3) Compte rendu de l'Académie des sciences morales et politiques, 1886, p. 585.

(4) « A l'homme en possession de ses facultés normales, il suffit de garantir la liberté pour qu'il ait son droit d'homme ; à l'enfant, au vieillard, à l'infirme, il faut garantir une assistance qui vienne secourir la liberté encore incomplète ou déjà détruite » (Em. Acollas, *Commentaire de la Déclaration des Droits de l'Homme*, p.   ).

(5) Compte rendu, 1886, p. 585.

et les faibles, ils veulent que la « société ait du cœur, mais pas de faiblesse » ; et ils lui donnent la justice comme règle, non la pitié. Ils redoutent l'effet démoralisant du secours préventif offert par l'Etat ; ils se rappelent que l'annone a créé, dès le temps d'Auguste, deux cent mille parasites, et que leur nombre croissant sous ses successeurs a fini par conduire le monde romain à sa perte (1).

Reprenant l'image classique de Marc-Aurèle, ils en tirent cette règle de conduite : « Tant qu'il y a des fleurs, ce n'est pas la ruche qui nourrit l'abeille adulte, mais l'abeille qui nourrit la ruche ».

De la faculté et de l'obligation de l'assistance sociale. — Mais, dit M. Boutroux, ce n'est pas l'idée de justice abstraite, c'est bien plutôt un sentiment de sympathie humaine, tourné vers nos compagnons actuels d'existence, qui nous fait un devoir de témoigner aux fils la reconnaissance que nous portons aux pères » (loc. cit., p. 279).

Le sentiment est en effet un agent plus actif que l'idée pure. De tous les éléments dont la connexion forme la solidarité sociale, c'est sinon le plus fort, du moins le plus fécond en résultats.

Homo sum et nihil humani a me alienum puto.

La Boëtie considérait déjà la fraternité comme l'agent naturel des redressements moraux à opérer dans la solidarité brutale et injuste.

« Si nature faisant les partaiges des présents qu'elle nous donnait a faict quelques advantaiges aux uns plus qu'aux autres n'a pas envoyé icy bas les plus forts et les plus advisez, comme brigands armez dans une forest, pour y gourmander les plus faibles, mais plustôt faut-il croire que, faisant ainsi aux uns les parts plus grandes et aux aultres

(1) Granier, Bibliographie charitable.

plus petites, elle voulait faire place à la fraternelle affection, à fin qu'elle eust à s'employer, ayants les uns puissance de donner ayde, et les autres besoin d'en recevoir » (1).

Si la « fraternelle affection » est le plus beau mobile de l'assistance sociale, il n'est pas le seul. Il suffit, pour le montrer, d'énumérer les diverses formes qu'a revêtues l'assistance des enfants. Chacune de ces formes révèle une inspiration différente.

Selon les époques et les mœurs, le traitement des enfants abandonnés fut :

En droit privé :

La suppression par le barathre ou l'exposition sur les fleuves : Nil, Tibre, fleuve Jaune, etc.

L'élevage d'esclaves sous le Code Théodosien (v. 7) ;

Le recrutement des frères lais ou des sœurs converses dans certaines œuvres du Saint-Esprit ;

L'adoption purement charitable avec saint Vincent de Paul ;

L'adoption civile, très exceptionnellement.

En droit public :

L'expérience infructueuse tentée par Betsky, sous Catherine II, pour constituer artificiellement un tiers-état russe (2) ;

Le recrutement forcé de la marine impériale (décret du 19 janvier 1811) (3) ;

La tentative de colonisation de l'Algérie de 1852 à 1855 (4) ;

(1) *Contre un* ou *Servitude volontaire*. Édition populaire p. 47.

(2) *Histoire des enfants abandonnés ou délaissés*, 1885, Léon Lallemand, p. 496 et s.

(3) Déjà, lors de la discussion de l'art. 203, Portalis avait soutenu que l'enfant délaissé *appartient* à l'Etat, assimilant ainsi un être humain à une chose sans maître de l'art. 713. C'est cette conception utilitaire qui a inspiré les articles 16 et 21 du décret de 1811 qui rétablissait les *servi publici* antiques, mis à *la disposition* du ministre de la marine.

(4) *Enquête générale de 1860*, rapport publié en 1862, chapitre VIII, p. 149 et s.

L'adoption sociale sans condition sous le régime du 30 ventose an V et de la loi du 5 mai 1869 ;

Quot capita, tot sensus... De nos jours, on a été plus loin encore.

L'obligation scolaire de 1882, les lois Roussel de 1874 et 1889 sur la surveillance des nourrissons et sur la puissance paternelle, la tradition administrative des secours à la mère non mariée (1) comme préservatifs d'abandon, ont conçu le pouvoir social non plus comme un suppléant des tuteurs naturels de l'enfant, mais comme un collaborateur s'ingérant jusque dans la famille même.

Cette énumération suffit à montrer à la fois et la variété des conceptions et l'étendue du domaine conquis par l'assistance publique sur le terrain spécial de l'enfance.

Qu'aurait pu la « fraternelle affection » sans une réforme du droit, sans des sanctions légales ?

Le sentiment est un facteur puissant, mais irrégulier, inégal, souvent intermittent.

Ses élans sont superbes, mais rares. On l'a dit déjà et le débat n'est pas nouveau.

Vieux débat. — La controverse relative aux sanctions légales de la solidarité reproduit à peu près le débat déjà séculaire relatif à *l'obligation* de l'assistance.

Le terme *dette sociale* n'est pas une nouveauté, car la Convention nationale l'a formulé dans sa déclaration des droits de l'homme. M. Bourgeois n'est point l'inventeur du mot ; mais il a précisé le concept. En définissant la « dette sociale » comme *cause* juridique d'obligation, en indiquant sa source et sa sanction, il l'a *fondée en droit*.

C'est faute d'avoir dégagé cette *cause* que La Rochefoucauld-Liancourt se bornait à dire : « Jusqu'ici l'assistance n'a été regardée que comme un bienfait ; elle n'est qu'un devoir. » La doctrine solidariste a fait un pas de plus.

____

(1) V. *Dépopulation et puériculture*, Strauss, 1901.

Sous un style élégant qui n'exclut ni la chaleur du cœur, ni la profondeur de la pensée, on retrouve dans l'argumentation de M. d'Eichthal la plupart des critiques formulées par M. Thiers dans son rapport à l'assemblée législative de 1850 contre l'assistance publique.

Sans doute, M. d'Eichthal est de cœur avec les solidaristes; il ne reste pas insensible aux injustices sociales, la misère le touche et la souffrance l'émeut. Si tous les hommes possédaient sa haute conscience, il serait superflu de demander des sanctions légales. L'assistance restant spontanée garderait ainsi cette fleur de sacrifice, ce velouté moral qui est, à vrai dire, sa suprême parure.

Mais le monde n'est point exclusivement peuplé de cœurs généreux. La grande majorité des hommes ignore les sacrifices spontanés (1).

La question n'est plus alors de savoir si l'accomplissement du devoir moral sera aussi méritoire, mais si le profit social sera aussi important.

La question a été résolue voici quatorze ans bientôt par le Congrès international de 1889, dont les conclusions sont religieusement imprimées sur tous les fascicules administratifs... en attendant qu'elles passent dans la loi (2).

L'assistance publique EST DUE à ceux qui se trouvent, temporairement ou définitivement, *dans l'impossibilité physique* de pourvoir aux nécessités de la vie (3).

---

(1) Que pèsent de pareilles considérations aux yeux d'un Isidore Lechat ? (*Les affaires sont les affaires*, de O. Mirbeau).

(2) Cf. Projet Bienvenu-Martin à la Chambre des députés.

(3) La conscience générale est unanime sur ce point. Quand un suicide par misère survient, jamais l'opinion ne s'en prend à l'insuffisance de la charité privée, mais toujours à la *Société*, à l'assistance *publique*. C'est ce qui explique la popularité si rapide des jugements du président Magnaud. Ce n'est pas leur valeur juridique qui fait leur succès ; mais leur orientation vers ce besoin de mettre à la charge de la collectivité la vie de ceux

L'assistance publique *n'est due qu'à défaut d'autre assistance.*

L'assistance publique est d'essence communale. C'est par la commune que doivent être désignés les bénéficiaires de l'assistance, parce que seule elle est en situation de les connaître.

L'organisation de l'assistance doit toujours être telle que la commune soit financièrement intéressée à la limitation du nombre de ses indigents. Des recours doivent pouvoir être exercés contre sa décision, si cette limitation est abusive.

L'assistance publique est une œuvre de solidarité nationale.

Elle doit s'exercer, non seulement de la société à l'individu, mais de groupe à groupe, les communes riches venant au secours des communes pauvres, les départements riches venant au secours des départements pauvres. La proportionnalité, et non la fixité, doit en conséquence être la règle des subventions, soit des départements, soit de l'État.

Le Conseil supérieur émet le vœu que ces principes, qui sont ceux adoptés à l'unanimité par le Congrès international de 1889, continuent à inspirer la direction que donne le Gouvernement à l'administration de l'assistance publique, soit dans la préparation de lois nouvelles, soit dans l'application des lois existantes...

Ce texte n'émane pas de révolutionnaires dangereux, ni d'utopistes sans scrupules...

Il éclairera peut-être d'une lumière apaisante la conclusion qui résume les sanctions de M. Bourgeois : « Je demanderai à l'impôt exactement ce qui sera nécessaire pour la *réparation des injustices* provenant *du fait de l'homme,* et pour l'acquittement des obligations essentielles qui découlent pour chacun de nous de la solidarité sociale. »

« L'État n'aura d'autre rôle que d'assurer l'exécution du quasi-contrat devenu valable par consentement tacite ou rétroactif. » (*Loc. cit.*, p. 93.)

La doctrine ne peut nuire à la charité. — Dès qu'on

---

qui ne peuvent se soutenir eux-mêmes. Toute mort, qui n'a pas été empêchée pouvant l'être, engage aux yeux du public une responsabilité. On s'en prend ici à la responsabilité sociale, comme coupable d'homicide par inaction, sinon par imprudence.

touche à ces questions, on voit d'ordinaire s'éveiller des susceptibilités traditionnelles, mais difficiles à comprendre.

Parmi ceux-là mêmes qui accomplissent spontanément leur devoir social, certains semblent se croire menacés dès qu'on parle de l'imposer à tous. Au lieu de se réjouir du renfort qu'on veut leur amener, ils l'accueillent avec défiance, pour ne pas dire plus.

Si la contrainte d'Etat fait un jour contribuer d'office ceux qui se tenaient à l'écart, le but, qui est le soulagement des malheureux, n'en sera-t-il pas plus sûrement atteint ? Si la bienfaisance privée se trouve par là soulagée ou même remplacée sur certains points, est-ce à dire que toute carrière lui sera fermée ? ne pourra-t-elle reporter ses subsides et ses soins vers de nouvelles infortunes aujourd'hui délaissées ? La misère humaine est-elle un vase fermé où la charité privée ne puisse plus s'écouler dès que l'assistance publique l'aurait rempli ? Que n'est-ce vrai !

L'indigence matérielle et morale n'a point malheureusement de dimensions si étroites ; tous les efforts y seront utiles pour longtemps encore. Les esprits les plus divisés sur d'autres points s'accordent sur celui-là (1).

La bienfaisance privée doit se rassurer, elle aura toujours des occasions de s'exercer.

Si même tout son territoire actuel était envahi par l'as-

(1) Il n'y aura jamais, dit M. d'Haussonville, assez de forces associées ; et pour une moisson si grande, il faut faire appel aux ouvriers de toutes les heures ; ne pas repousser sans doute ceux de la onzième, mais ne pas mettre de côté ceux de la première : catholiques, protestants, israélites, indifférents, on ne sera jamais trop nombreux ni trop unis... (*Revue des Deux-Mondes*, 15 décembre 1900.)

Et M. le président du Conseil, Combes, était du même sentiment quand il disait à la tribune le 15 janvier 1903 : « le devoir d'assistance s'étend à trop de personnes et à trop de situations pour qu'on ait quelque raison de croire qu'il y ait double emploi et surabondance de biens ».

sistance publique, il resterait assez de zônes inexplorées pour donner carrière à tous les zèles.

Que certains de ses avocats improvisés cessent donc de parler de *concurrence* là où n'existe ni clientèle absorbable, ni profit; si une rivalité s'établit autour du malheur, que ce soit celle du zèle, l'émulation dans le bien, et non les stériles et vaines querelles qui nuisent à tous et à tout.

Moins que toute autre doctrine, la solidarité peut porter ombrage, car son territoire est nettement défini. La solidarité reste dans le domaine de la *justice*, la charité évolue dans le domaine de l'*amour*.

« Il y a deux domaines, dit M. Bourgeois, où le contrat ne pénètrera jamais, c'est le domaine de la nature antérieur à toute convention, et le domaine de l'amour supérieur à toute convention » (loc. cit., p. 59).

S'il était possible que l'exercice de la « fraternelle affection » fût menacé, M. d'Eichthal aurait merveilleusement choisi le lieu de la défendre, car il n'aurait eu, parmi tant d'exemples passés et contemporains, que l'embarras du choix pour recruter ici-même une garde d'honneur à cette grande vertu sociale. Mais nul danger ne la menace, nul péril ne saurait l'atteindre.

Ce n'est pas de nuire à l'initiative privée qu'il s'agit, c'est au contraire de l'aider dans une tâche au-dessus de ses forces.

La seule question qui se pose est de savoir si la loi, organe de la conscience sociale et expression humaine de la justice, doit s'affirmer compatissante au malheur jusqu'à cette limite précise qu'est l'acquittement d'un *debet* (1); elle

(1) « Il y a un droit qui naît de la violation même du droit, c'est celui de réparation. Il y a toujours une certaine somme d'injustice générale qui est imputable non à tel ou tel homme en particulier, mais à la société tout entière et qui est souvent un legs du passé. De là la nécessité de la justice réparative » (A. Fouillée, *La science sociale contemporaine*, p. 357-358).

est de savoir, si du jour ou la société est consciente de l'équité vraie, elle peut rester spectatrice indifférente de l'injustice.

Si votre Compagnie pouvait être appelée à se prononcer, je devine la réponse qu'on en pourrait attendre d'après la place d'honneur qu'elle a faite aux deux législateurs qui ont introduit dans nos codes l'assistance à la misère matérielle et à la misère morale, MM. Th. Roussel et Bérenger.

Charles BRUNOT.

Séances des 16 et 30 mai 1903.

La lecture de ce mémoire donne lieu aux observations suivantes :

M. Frédéric Passy : — J'ai eu le regret de ne pas assister à la dernière séance, mais j'ai entendu la lecture de la première partie du mémoire de M. Brunot et je me suis fait lire la seconde. J'ai lu les conférences de M. Bourgeois sur le même sujet et je connais les opinions émises par notre confrère M. Fouillée.

Je voudrais que l'Académie examinât sérieusement cette théorie de la Solidarité-droit, comme a dit l'auteur du mémoire.

L'idée se fonde sur ceci :

Ce que nous avons, ce que nous sommes, ce que nous faisons, nous le devons à la société et par conséquent nous nous trouvons les débiteurs de la société. Cette dette que nous avons contractée — sans le vouloir, il est vrai — nous sommes tenus moralement de l'acquitter.

Non seulement nous avons le devoir de conserver et d'accroître les trésors que nous avons reçus, mais encore la société a le droit de nous en demander compte et de nous contraindre à payer notre dette.

J'accepte la première partie de la thèse. Je crois que c'est Bacon qui a dit : tout homme naît débiteur. On l'a beaucoup répété depuis. Oui, l'on doit transmettre à ses successeurs ce qu'on a reçu et plus qu'on n'a reçu.

Quant à la deuxième partie, il m'est impossible de l'accepter, et cela pour beaucoup de raisons.

Si tout homme naît débiteur, il n'est pas vrai que tout homme soit créancier. D'après la doctrine qui nous a été exposée, ce serait à ceux qui, ayant prospéré, ayant travaillé heureusement pour eux et pour la société, auraient payé plus qu'ils ne devaient, qu'on demanderait une sorte de répétition en faveur de ceux qui, n'ayant rien fait, seraient en réalité ses débiteurs.

Comment pourrait-on établir ce compte?

Mais je reviens sur ce que je disais : tout homme naît débiteur. Ce n'estpas seulement le chancelier Bacon qui l'a dit, mais saint Paul : « Qu'as-tu que tu n'aies reçu et si tu l'as reçu, pourquoi t'en glorifies-tu ? »

Or, qu'est-ce que la société? C'est l'assemblage de tous ceux qui la composent. Tout ce que nous y trouvons à notre naissance, si la société le met à notre disposition, c'est que ceux qui sont venus avant nous le lui ont donné. Le patrimoine de la société lui a été conféré par ses membres. Et puisque le patrimoine de la société est le résultat du travail des membres de la société, ceux qui travaillent d'une manière utile et féconde accroissent ce patrimoine.

Je lisais tout dernièrement, dans une brochure de l'amiral Réveillère, l'exposé d'une théorie de l'impôt, que j'ai cru devoir combattre. L'amiral concluait à ceci que, comme dans les fruits du travail de tout homme il y a une part qui est de son fait et une part qui est du fait de la société, on avait le droit d'imposer la succession de cet homme d'une manière progressive.

Mais lorsque Bessemer, Giffard, Nobel ont gagné cinquante millions, ils ont fait gagner des milliards à la société et les avantages que retire la société de leur travail vont se continuer pendant un nombre indéfini de générations. Si vous voulez leur faire rendre gorge, comme vous dites, ils vous diront à leur tour : « Sans doute je vous suis redevable, mais vous m'êtes aussi singulièrement redevables, et nous allons établir le compte. » Ce compte est impossible à établir. Je défie d'en faire un calcul, même approximatif. Mais il y a un mécanisme qui le fait : c'est le mouvement naturel des transactions, c'est la diminution et la disparition des fortunes acquises, quand elles ne sont pas renouvelées par le travail. Le capital ne se conserve pas ; il s'entretient et se renouvelle.

Tout ce qui manque d'entretien se détériore, même ce qui se conserve sans altération matérielle se déprécie. Les instruments les plus perfectionnés dans la physique, dans la chimie, dans la mécanique, perdent de leur valeur. Le défrichement qui, au début, avec des instruments imparfaits, coûte des peines infinies, au bout d'un certain temps est devenu facile. Ce qui était cher baisse de prix. Peu à peu la valeur des acquisitions des générations antérieures s'annihile. Et c'est ce qui a fait dire à un certain nombre d'auteurs, dont plusieurs ne sont pas suspects de préventions aristocratiques, que c'est une idée inexacte que celle qu'exprime le mot de déshérités.

Stuart Mill a dit : La part des déshérités, mais elle est immense. Toutes les découvertes antérieures, toutes les espèces animales et végétales, tout ce qui est à la disposition des nouveaux venus, les routes, les chemins de fer, voilà la part de ceux qu'on appelle des déshérités. C'est une part parfois insuffisante et qui, à côté d'autres héritages, peut justifier le mot, mais c'est une part considérable.

Un autre écrivain qui était alors un excellent économiste, M. Modeste, dans un livre qui a été récompensé dans cette enceinte, disait de son côté: « Attaquer les héritages particuliers, c'est compromettre l'héritage universel. Et il ajoutait: Voulez-vous avoir une idée de l'importance de cet héritage universel, de cette part des derniers nés ? Supposez qu'une

industrie quelconque, celle du verre, du tissage, de la tein-
ture ait été perdue. Combien d'années, de générations, de
millions et de centaines de millions de dépenses ne faudrait-il
pas pour les reconstituer ? Les inventeurs successifs de ces
industries ont profité de leurs travaux et de leurs découvertes ; ils ont eu des héritiers directs, des fils, à qui ils
en ont transmis le bénéfice. Et cependant à quels prix vous
procurez-vous les produits de leurs inventions ? Un verre
coûte quelques centimes, l'équivalent d'un quart d'heure
ou d'une demi-heure du plus humble travail. Un mètre
d'étoffe, filée, tissée et teinte par des procédés d'une com-
plication merveilleuse, et qui, il y a un siècle ou deux,
était réservée aux plus riches personnages, s'obtient pour
un ou deux francs, le quart ou la moitié d'une journée. C'est
que, si les inventeurs et les premiers propriétaires avaient
des fils, ils avaient des frères, des cousins, des parents à
tous les degrés, et que la propriété, le capital, les machines,
se souvenant mieux que vous, et sans vous, de ces parentés
inconnues, les ont compris d'eux-mêmes dans l'héritage. »

Et c'est pourquoi je dis : Prenez garde, en voulant transformer la dette morale en dette légale, de tomber dans l'arbitraire et d'aller contre le but que vous cherchez à atteindre. Il est trop de mode de considérer le capital et en
particulier les gros capitaux comme étant constitués au
détriment des petites fortunes et des petits salaires.

Comme le dit M. Brunot, la possession excessive s'éta-
lant devant la misère est une atteinte aux sentiments de
bienveillance et de convenance. Elle peut être aussi, par
suite des moyens employés, une atteinte au droit. Le devoir
de la société est de réprimer ces abus en faisant disparaître
ce qui est arbitraire et artificiel. Mais lorsque cette richesse
est le produit du travail libre, la loi, qui n'a d'autre devoir
que de faire respecter la liberté, doit la protéger. M. Brunot a opposé la liberté à la justice. La liberté n'est pas

autre chose que le respect de la justice. Lorsqu'on fait, au-delà de ce qu'exige le maintien de l'ordre social, des prélèvements sur les fortunes ; lorsque l'on veut donner au législateur le rôle de modificateur des fortunes, on tombe dans l'arbitraire, dans l'injustice.

D'un autre côté, si vous donnez par la loi, par des institutions dont les résultats tromperaient votre attente, cette idée que vous ferez disparaître de l'humanité toute espèce d'incertitude, vous vous exposez à affaiblir le ressort de la prévoyance.

Si nous voulons être utiles à nos semblables, il faut avant tout éviter tout ce qui peut diminuer le ressort de l'activité individuelle.

La reconnaissance d'une dette légale de la société à l'égard des déshérités, d'un droit à faire des prélèvements sur la fortune de ceux qui ont travaillé utilement et qui ont ainsi déjà servi la société, pour aider ceux qui ne l'ont pas servie, serait de nature à produire des résultats tout à fait opposés à ceux que l'on attend.

Il est de mode, aujourd'hui, je le répète, de faire la guerre au capital, de considérer avec envie les supériorités sociales, de quelque nature qu'elles soient. Ce sentiment est injuste et antidémocratique. Le capital étant l'agent du travail, les supériorités étant les guides et les entraîneurs de la foule qui les suit, les véritables démocrates doivent prêcher le respect des supériorités réelles, supériorité de la fortune comme de l'intelligence.

Je voudrais à ce sujet rappeler un mot de Bastiat dans sa jeunesse. Bastiat a eu beaucoup de mots profonds ; c'est lui qui a dit : « Ce ne sera jamais d'un changement violent de la forme ni des dépositaires du pouvoir public que j'attendrai le bonheur de mon pays, mais de notre scrupule à le soutenir dans ses attributions essentielles et de notre fermeté à l'y maintenir. »

Il disait à sa sortie du collège de Sorrèze : « C'est un fort sot préjugé que celui qu'on nous enseigne dans les collèges en nous apprenant à mépriser la richesse. Cincinnatus avait raison de manger des raves et des lentilles, puisque, pour manger des mets plus délicats, il aurait dû trahir son pays. Mais, aujourd'hui, la richesse est le plus souvent le fruit du travail. Le monde n'a pas tort d'honorer le riche ; il a tort d'honorer également le riche honnête homme et le riche fripon. »

C'est de ces idées fausses que sont nées les théories nouvelles tendant à établir un droit nouveau. Oui, le riche n'a guère d'autre manière d'agir sur la société que par la façon dont il dispose de ses revenus ; s'il les emploie bien, il fait du bien ; s'il les emploie mal, il fait du mal. Mais substituer à cette responsabilité une solidarité artificielle, ce serait donner une fausse direction au travail, diminuer toutes les énergies individuelles et toutes les vertus qui font l'homme grand et qui contribuent à atténuer les misères.

Il faut se borner à proclamer l'inévitable solidarité des biens et des maux; nous préserver de ce qui est mauvais, mais ne pas transformer en un article du code la dette de la société, qui serait alors payée d'une façon injuste, contraire aux véritables intérêts sociaux.

M. Paul Leroy-Beaulieu : — Les observations que vient de présenter M. Frédéric Passy me permettent d'abréger certaines remarques que j'aurais voulu soumettre à l'Académie ; je me bornerai à quelques points.

La doctrine qui a été exposée devant nous, sous le nom de solidarité, est ingénieuse ; à vrai dire, ce qu'il y a surtout d'ingénieux dans cette doctrine, c'est l'étiquette et la formule; car le fond est ancien.

On a dit que c'était une découverte sociologique ; je n'aperçois pas cette découverte ni rien là qui approche d'une nouveauté. On a parlé d'interdépendance entre les hommes; je connais ce mot depuis 25 ans, c'est Herbert Spencer ou

Stuart Mill qui l'a lancé dans la circulation ; je m'en suis mainte fois servi moi-même, à titre de citation, notamment dans mon ouvrage : *l'Etat moderne*, il y a une quinzaine d'années.

Ainsi, il n'y a rien de nouveau dans la doctrine que nous discutons, sinon l'étiquette de : Solidarité sociale.

Le solidarisme est une des formes du socialisme, qui se présente avec un visage plus avenant et des solutions plus vagues.

Tout d'abord, il conviendrait d'étudier cette question : Les individus doivent-ils plus à la société que la société ne doit aux individus ? La solution exacte de ce problème n'est pas possible à donner.

Il n'est pas douteux que les individus doivent beaucoup à la société ; mais si j'étais obligé de choisir, je dirais que la société doit infiniment plus aux individus d'élite que ceux ci ne lui sont redevables.

Ce que je vais dire de la première élite, c'est-à-dire des hommes les plus remarquables, s'appliquera, quoique à un degré moindre, à la deuxième, la troisième, la quatrième élite, c'est-à-dire à tous les individus qui, à des degrés divers, sont supérieurs au niveau moyen.

Distinguons d'abord l'activité théorique, à savoir l'activité littéraire, scientifique, artistique et, d'autre part, l'activité pratique, c'est-à-dire celle qui s'épanouit dans l'ordre économique, agriculture, industrie, commerce, administration, fonctions publiques et privées diverses.

Considérons le premier ordre d'activité, l'activité théorique et prenons quelques grands noms du dernier siècle. La société ne doit-elle pas beaucoup plus, pour les lettres à Victor Hugo, pour les arts à Wagner, pour les sciences à Pasteur, que ces grands hommes ne lui sont redevables ? Je n'ai pas besoin de m'appesantir sur ce que la société, actuelle et future, doit à de tels hommes.

Si l'un d'entre eux avait fait défaut, la société serait

privée d'une source de joies et de connaissances qui coulera pendant un temps indéfini ; il est incontestable que non seulement la société présente, mais les générations futures, ont envers eux une dette qu'elles ne pourront jamais acquitter.

Voilà pour l'ordre purement intellectuel ou théorique. Dans l'ordre pratique ou économique, je me bornerai à reprendre deux noms cités par M. Frédéric Passy, ceux de Bessemer et de Nobel ; et je puis ici me défendre de tout emprunt, car voilà une quinzaine d'années que, dans divers ouvrages, j'ai invoqué l'exemple de ces deux hommes, non pas d'une façon vague, mais de la manière la plus précise pour établir les comptes réciproques de la société et de l'individu d'élite l'un vis-à-vis l'autre. J'ai essayé de mesurer, autant que cela est mesurable, chiffres en mains, ce que la société doit à certains hommes d'élite dans l'ordre pratique. Je l'ai fait dans mon *Essai sur la répartition des richesses* et aussi dans mon *Traité d'économie politique* (1) pour Bessemer et Nobel. J'ai personnellement et très familièrement connu le second et je me suis trouvé administrateur avec lui de sociétés qu'il avait fondées.

Le premier a laissé une fortune, qu'on a évaluée à environ 40 millions ; la fortune du second est assez exactement connue, puisqu'il l'a tout entière consacrée par testament au progrès de l'humanité ; elle est de 50 millions.

Bessemer a inventé un procédé pour la fabrication de l'acier. Ce procédé a fait tomber le prix de la tonne, qui coûtait 500 à 600 francs, à 120 ou 130 francs. J'ai recherché quel avait été le profit retiré par la société de cette invention de Bessemer. A l'heure actuelle, on produit dans le monde plus de 20 millions de tonnes d'acier Bessemer par an ; les Etats-Unis seuls, dans l'année 1902, ont produit

_____

(1) Voir notre *Traité théorique et pratique d'économie politique*, tome Ier, pages 569 et 685, et tome II, pages 198 et 199.

10,393,108 tonnes d'acier Bessemer, *Bessemer Pigs* ; c'est le terme dont se servent les statistiques américaines (1). Si, depuis 40 ans environ que le procédé a été découvert, ou qu'il s'est répandu, on adopte une moyenne annuelle de production de 10 millions de tonnes, cela fait un total de 400 millions de tonnes. Si la fortune de Bessemer est de 40 millions, il a bénéficié de 0 franc 10 par tonne produite, alors que les prix se sont abaissés de plus de 400 francs. Si, pour une durée de 40 ans, on admet une baisse moyenne de 100 francs seulement, le procédé de Bessemer a fait réaliser à la société une économie de 40 milliards, alors que Bessemer n'a gagné que 40 millions, soit 1 pour 1000, ou 0,10 pour 100 fr. économisés à la Société, cela représente à peu près le courtage prélevé par les agents de change pour la vente d'une valeur.

Je pourrais faire un calcul analogue pour Nobel, qui, en inventant la dynamite, a donné le moyen d'utiliser pratiquement la nitro-glycérine et est, en outre, le fondateur de la plus grande maison de pétrole, à Bakou. On dira peut-être que si Bessemer et Nobel n'avaient pas existé, d'autres auraient un peu plus tard trouvé les procédés qui ont immortalisé leur nom ; cela est probable, mais peut-être un demi-siècle ou un siècle plus tard et d'une façon aussi peut-être moins complète.

J'ai choisi là des hommes de premier ordre dans l'ordre pratique. Tous ceux qui réussissent n'ont pas fait des découvertes aussi importantes ou même beaucoup d'entre eux n'ont fait aucune découverte ; mais tous se sont livrés à une combinaison quelconque qui a réalisé un progrès, d'abord à leur profit propre, puis au profit exclusif de l'ensemble de la société. Cela est vrai de tout industriel, de tout commerçant, de tout propriétaire ou cultivateur qui, dans une sphère élevée ou modeste, a appliqué une nouvelle

(1) Voir le *Statesman's Yearbook* pour 1903, page 1253.

combinaison heureuse, une méthode plus perfectionnée, un procédé plus efficace, ou qui simplement a fait preuve dans son activité de plus de soin, plus d'esprit de suite, plus de discernement que la généralité des hommes pratiquant le même métier. Cela comprend les hommes d'élite de tous les degrés, même du dernier degré ; la société est infiniment plus redevable à tous ces hommes que ceux-ci ne lui sont redevables à elle. Or, la catégorie, dont je viens de parler, comprend à peu près tous les hommes qui ont réussi, ou qui réussiront.

Je voudrais attirer votre attention sur un autre point, en ce qui concerne les relations des individus d'élite avec la société.

Que se passe-t-il, quand apparaît un de ces hommes d'élite ? Et ici, je ne parle pas seulement des héros de la pensée, de la science, de l'industrie ou de l'agriculture, mais de tous ceux qui ont réalisé un progrès dans une branche quelconque de l'activité humaine, soit qu'ils en aient été les auteurs directs, soit qu'ils l'aient simplement propagé. Quelle est la conduite de la société à leur égard ? Dans la grande majorité des cas, la société commence par les repousser, les conspuer, les entraver, par faire tout ce qui est en son pouvoir pour les décourager et pour qu'ils ne réussissent pas. L'homme qui a fait une découverte ou trouvé un perfectionnement et l'homme également qui veut appliquer, dans sa sphère, élevée ou modeste, le progrès ou le perfectionnement récent dû à autrui, rencontre le milieu ambiant comme obstacle ; la masse sociale est réfractaire au progrès, sous toutes les formes ; elle fait tout ce qu'elle peut pour maintenir la routine ; et cela est vrai, quel que soit le régime politique, quel que soit le degré d'instruction des peuples.

Comment peut-on soutenir que les individus d'élite aient une dette plus considérable vis-à-vis de la société que celle-ci n'en a vis-à-vis d'eux ?

Toutes les découvertes qu'ils font, tous les procédés perfectionnés qu'ils inventent, toutes les méthodes efficaces qu'ils découvrent finissent par se répandre peu à peu dans le monde, grâce à l'esprit d'imitation, qu'a si bien mis en lumière notre confrère M. Tarde ; après la première résistance de la masse sociale, résistance quelquefois longue, il est vrai, si le progrès est bien constaté, il se répand ; le bon exemple, longtemps conspué, finit par triompher de l'inertie et des préjugés de la majorité humaine environnante.

Voilà pour la partie doctrinale de la question. S'il n'y avait pas eu quelques milliers d'individus de première élite et quelques millions d'individus de deuxième, troisième et jusqu'à la dixième élite, depuis le début de l'humanité, la société croupirait encore dans la misère et dans l'ignorance des âges primitifs ; car la société, c'est-à-dire la masse sociale, n'est l'auteur d'aucun progrès ; elle doit tout aux individus d'élite, quel que soit le rang qu'ils occupent dans l'élite, laquelle est, d'ailleurs, nombreuse et comporte beaucoup de degrés.

Laissons maintenant de côté l'examen doctrinal pour arriver à l'examen pratique.

En vertu de la théorie de la solidarité, chaque individu naîtrait avec une obligation sociale, une dette vis-à-vis de la société.

Comme l'a dit M. Frédéric Passy, si l'on se place au point de vue philosophique, tout le monde reconnaît que, par suite de la communauté de nature des hommes, les plus heureux doivent de la bienveillance à ceux qui sont moins favorisés qu'eux, ils doivent chercher à élever leur niveau social. Il n'y a pas une philosophie, une religion, qui n'ait formulé ces préceptes. C'est le cas, notamment, de la religion chrétienne. « Les riches sont les détenteurs et les distributeurs des biens des pauvres », ont dit, avec quelque emphase et exagération, les ascètes chrétiens, ce qui se traduit par cette formule plus simple et plus vraie que les

riches doivent aider les pauvres matériellement et moralement.

Mais, d'après la théorie que nous discutons, il ne s'agit
aucunement d'une obligation morale, d'un devoir de conscience ; il s'agit d'une dette légale et indéterminée, dont on
peut demander l'acquittement par des moyens légaux. Ce
qu'il y a de plus singulier, c'est que la dette ne sera
déterminée que par le prétendu créancier. Je serais bien
étonné qu'un jurisconsulte admît le contrat ou quasi-contrat suivant : je me reconnais débiteur vis-à-vis de X***
de la somme que X*** déterminera. C'est là, si je ne me
trompe, ce que les jurisconsultes appellent « une obligation potestative » et ils ont toujours déclaré qu'une telle
obligation n'a aucune valeur. Ainsi, dans le système solidariste, le prétendu débiteur serait livré à la complète
discrétion du prétendu créancier, lequel fixerait à son gré
la dette de son débiteur. Bien plus, le prétendu créancier
n'épuiserait jamais son droit de réclamer sa dette, il pourrait y revenir toutes les fois que cela lui plairait.

Je défie les solidaristes de déterminer le montant de cette
prétendue dette ; or, une dette indéterminée et indétermi-
nable, cela ne peut exister en droit.

On dira peut-être qu'il s'agit ici d'un créancier collectif,
à savoir la masse sociale, c'est-à-dire le peuple ou ses repré-
sentants ; mais il peut avoir la même avidité qu'un particulier, d'autant plus que ce sont les prétendus déshérités qui
composent ce créancier collectif.

Il importe de remarquer que d'abord ces déshérités sont
tous les gens qui n'ont pas su réussir et que, en outre, il se
trouve des anciens riches ou d'anciennes gens aisées parmi
ces prétendus déshérités, qui ont mangé des fortunes plus
ou moins considérables et que le nombre de ceux-ci va
toujours en augmentant.

Ce sera ce créancier collectif qui déterminera, à son gré,
suivant ses lumières, ses passions ou ses appétits, l'éten-

due de la dette. Une pareille proposition est insoutenable.

On dit : il y aura un redressement des comptes. On prendra à celui qui a trop pour donner à celui qui a trop peu. Qui sera juge de ce redressement des comptes ? Ceux-là qui, étant les plus nombreux, croiront pouvoir en profiter ; et quand ce redressement sera-t-il complet ? Il ne le sera jamais tant qu'il y aura une inégalité des conditions, même très réduite. C'est ici que le solidarisme confine au collectivisme. On ne trouvera jamais que le redressement soit suffisant ;

On voudra le continuer, tant qu'il subsistera une inégalité quelconque.

La même doctrine se rapproche, à certains point de vue, de l'anarchie. Certains anarchistes prétendent exercer un droit de reprise individuel ; ici, le droit de reprise est collectif. Au fond, c'est la même chose. Le droit de reprise collectif, dont parle en somme le solidarisme, ne cessera que quand il n'y aura plus rien à reprendre ou à prendre.

La doctrine du solidarisme n'est donc fondée ni en théorie, ni en pratique. Elle aboutit dans la pratique aux mêmes conséquences que le collectivisme.

A l'heure actuelle, on ne nous présente que des conclusions limitées, quoique assez vagues, tout un système d'assurances, analogue au « garantisme » de Fourier. Mais pourquoi s'arrêterait-on là ? Nous sommes en plein arbitraire. Il y a une dette sociale indéterminée, un redressement des comptes, ne reposant sur aucune base positive, un droit de reprise ; on doit aller jusqu'au bout. Les conclusions actuelles ne sont que provisoires ; si on les admet, d'autres suivront. Le redressement ne sera complet que le jour où fonctionnera le collectivisme pur et simple.

Donc, si cette doctrine du solidarisme est ingénieuse, si ceux qui la soutiennent font preuve d'une certaine élégance d'esprit, il n'en est pas moins certain qu'elle est une simple introductrice du collectivisme.

M. E. Levasseur : — *Solidarité* n'est pas un mot entièrement nouveau ; M. d'Eichthal, M. Brunot et d'autres l'ont dit. Mais il a pris depuis quelque temps une signification et surtout une importance qu'il n'avait pas auparavant ; il se propose aujourd'hui comme devant désormais former la base rationnelle de la politique sociale.

La presse et les congrès ont fait une large place à la théorie de la solidarité sociale ; M. Léon Bourgeois l'a exposée avec talent dans des conférences et dans une brochure intitulée : *Essai d'une philosophie de la solidarité.* Il était donc opportun que l'Académie des sciences morales et politiques ouvrît une discussion sur le sens philosophique de la solidarité et sur les effets économiques du système qu'il représente. Trois séances ont été consacrées à cet objet : une, dans laquelle M. d'Eichthal a distingué l'obligation morale et l'obligation légale pouvant résulter de la solidarité et signalé les abus dans lesquels la seconde pourrait faire glisser les institutions, et deux autres séances, dans lesquelles M. Brunot a présenté, avec une argumentation serrée, la défense de l'obligation légale.

Qu'il y ait une solidarité, c'est-à-dire qu'il existe des rapports de sentiments et d'intérêts entre les membres d'une même nation, d'une même commune, voire même du monde entier, une interdépendance, comme on dit, et qu'il en résulte des obligations, c'est ce qu'aucun des écrivains et des orateurs qui ont abordé la question ne met en doute. De quelle espèce sont ces liens et comment obligent-ils ? Voilà la question.

La solidarité politique est évidente. Elle est nécessaire pour l'existence des États ; elle est obligatoire pour les personnes, lesquelles ne peuvent s'y soustraire que par l'émigration. Or, l'émigration n'est pas toujours permise par les lois, et les liens de famille et d'intérêts la rendent souvent impraticable, ou tout au moins très pénible. Le service militaire, l'impôt sont des formes de solidarité. Celle-ci en effet ne s'applique pas seulement à la politique générale d'un Etat, mais aussi aux lois économiques qui facilitent ou entravent l'essor de la richesse et influent sur la direction de l'activité industrielle. Chacun participe de la bonne et de la mauvaise fortune de l'Etat dont il est citoyen ; nous l'avons douloureusement éprouvé en 1870. Un pays conquis est englobé dans la solidarité politique du pays conquérant. A ce genre de solidarité, ce n'est pas l'idée de justice qui préside ; les Etats, comme les individus, sont dominés par les idées de conservation et de développement.

Aussi n'est-ce pas de solidarité politique que se préoccupe la nouvelle doctrine, bien qu'elle semble confondre quelquefois les obligations qu'impose cette solidarité avec les devoirs de l'autre solidarité que son principal auteur, M. Léon Bourgeois, désigne sous le nom de sociale.

Un exemple fera comprendre la distinction. Les Lorrains de Metz, les Danois du Schleswig, les Polonais du Grand-Duché de Posen, les Allemands du Brandebourg sont liés par une solidarité politique qui se traduit par des devoirs et par des actes. Sont-ils tous unis de cœur dans une solidarité sociale qui les oblige à se priver d'une partie de leur revenu pour améliorer la situation d'un citoyen quelconque de l'Empire ?

La doctrine de la solidarité sociale repose sur le postulatum suivant : le capital social, capital matériel et intellectuel, est l'œuvre de la société. Biens, inventions, idées ont été créés par le travail et le génie des générations successives ; chacune d'elles a contribué à grossir ce trésor qui est par conséquent un patrimoine commun. Chacun est débiteur envers la société de la part de ce patrimoine dont il jouit : il est juste qu'il s'acquitte de sa dette. « En échange, dit M. Léon Bourgeois, des avantages que procure à chacun des hommes le bienfait de la solidarité naturelle (c'est-à-dire l'état social civilisé), chacun doit consentir à garantir les autres hommes contre les injustices, les maux, les risques de toutes sortes qui naissent en même temps de cette solidarité. »

Ce postulatum doit-il être admis sans discussion comme un axiome ? La richesse est créée par le travail et l'intelligence des individus. Quand on parle de richesse sociale ou nationale, on entend la somme (dont nul jusqu'ici n'a pu dresser un inventaire exact) des richesses individuelles et des richesses appartenant à des communautés privées ou publiques, ces dernières étant bien inférieures en valeur aux premières. L'Etat, représenté par son gouvernement, perçoit par l'impôt une partie de cette richesse, surtout une partie du revenu annuel des individus ; il la dépense dans l'intérêt général et son action coordinatrice et tutélaire contribue à faciliter le développement de cette même richesse. Mais l'Etat n'en est pas le créateur.

La richesse appartient au véritable créateur ou à celui auquel le créateur l'a transmise. Que cette possession, toute légitime qu'elle soit, implique des obligations vis-à-vis de l'Etat et de la société, ce n'est pas douteux ; mais il n'en résulte pas une dette positive de quiconque possède envers quiconque ne possède pas. En admettant que le créateur actuel de la richesse ait trouvé dans le trésor accumulé par les siècles les éléments de sa fortune, c'est aux générations antérieures qu'il en est redevable, comme tous ses contemporains ; j'ajoute aux générations de tous les pays civilisés : un négociant parisien qui fait de bonnes affaires dans l'Amérique du Sud doit plus à Christophe Colomb qu'au commissionnaire du coin de sa rue. Il emploie cependant quelquefois ce commissionnaire, lequel n'est pas son obligé parce qu'il lui donne un salaire : service pour service, ils sont quittes. Ce que je veux dire, c'est que les contemporains de l'homme fortuné ne lui ayant rien transmis qu'il n'ait payé, n'ont aucun titre contre lui, pas plus qu'il n'en a contre eux, quelle que soit leur condition sociale.

Est-il certain que l'enfant d'une famille riche doive plus à l'outillage de la civilisation que l'enfant du pauvre ? L'un et l'autre jouissent des bénéfices généraux de l'organisation sociale ; d'autre part, la famille pauvre, — à ne considérer que les impôts directs, les autres étant en partie volontaires, — ne paie qu'une très petite fraction des frais de la communauté. Ce que l'un et l'autre n'ont pas également, c'est le patrimoine familial, et par suite les avantages qu'on achète avec l'argent de ce patrimoine. Mais l'un et l'autre n'ont pas non plus les mêmes qualités naturelles de corps et d'esprit qui mettront entre eux dans le succès de la vie de grandes différences ; le solidarisme accepte cette inégalité : elle est un fait. Pourquoi l'autre inégalité serait-elle plutôt taxée d'injustice? Puisque, tout en favorisant l'enfant riche, elle ne retire rien au pauvre.

Deux hommes, sortis d'une humble origine, ont fait leur chemin dans la vie, l'un dans une honorable, mais étroite médiocrité ; l'autre, esprit inventif et entreprenant, s'est élevé peu à peu de la condition de petit commis à celle de grand entrepreneur ; il a inventé des machines, il occupe cinq cents ouvriers, il vend des produits recherchés dans son pays et à l'étranger. Lequel des deux a fait le plus de bien à sa patrie ? Est-il juste de dire que le premier est créancier du second et, au lieu de remercier celui-ci si, outre la richesse qu'il a créée et dont participent ses collaborateurs et par contre-coup la société, il a fait volontairement des libéralités charitables, de le traiter en débiteur et d'opérer contre lui par voie de contrainte ?

On ne croit plus ajourd'hui à la félicité de l'état de nature et du droit de cueillette vantée au dix-huitième siècle. On sait ce que recèle de privations et de misères la vie des non-civilisés. Ici le cannibalisme, presque partout l'esclavage et l'oppression du faible, quelquefois la suppression par la mort des vieillards encombrants, la préoccupation de la faim et les ravages que font, même à un niveau de civilisation plus élevé, les famines ; si les individus se résignaient dans les sociétes primitives mieux qu'ils ne font dans nos sociétés modernes, c'est qu'ils ne concevaient même pas l'idée du bien-être.

De notre temps, le pauvre, en France et dans bien d'autres pays, trouve pour son enfant la crèche dans les villes, l'école dans toutes les communes, des bourses qui aident les mieux doués à s'élever jusque dans les rangs supérieurs de la société, nombre d'hôpitaux pour les malades, d'hospices pour les vieillards ; il trouve des mutualités de diverses espèces qui le garantissent contre certaines éventualités ; il jouit, à l'égal du riche, dans les villes, de tous les perfectionnements de l'édilité ; il voyage aussi rapidement et presque aussi commodément que lui en chemin de fer. S'il y a des débiteurs de la civilisation, ne doit-il pas figurer sur la liste à côté des autres membres de la société ?

Il n'est pas besoin de remonter jusqu'à l'état sauvage pour juger du bénéfice que cette civilisation a procuré à la masse des individus sans fortune. Des historiens ont décrit -- et même parfois exagéré -- la misère des paysans au temps de Colbert et de Louis XV ; quand on compare la manière de vivre du journalier d'alors et du journalier d'aujourd'hui, on ne peut pas raisonnablement soutenir que le progrès de la civilisation ait dépouillé celui-ci. Plus près de nous, ne savons-nous pas que, depuis trois quarts de siècle, le salaire de l'ouvrier a doublé et que l'intérêt du capital foncier et mobilier a diminué depuis une trentaine d'années. On pourrait remplir bien des pages avec les preuves de l'amélioration relative du sort des petits ; il suffit ici de la rappeler en quelques mots pour établir que, si tous les individus ne retirent pas des avantages sociaux un gain égal, s'il y a encore des situations navrantes, des chutes lamentables, cependant il ne faut pas faire croire aux couches inférieures de la société, prises dans leur ensemble, qu'elles ont été écrasées par les couches supérieures sous le poids de la civilisation. C'est plutôt le contraire qui est vrai.

L'auteur de la philosophie de la solidarité s'est efforcé de faire rentrer la dette de solidarité sociale dans la catégorie juridique du quasi-contrat. Je laisse aux jurisconsultes le soin de discuter si cette assimilation est correcte. En tout cas, c'est une question d'école qui n'a en soi qu'une importance secondaire ou qui n'en prend que parce qu'elle peut produire l'illusion d'un droit consacré par la loi. Au fond, il s'agit d'une obligation; ce qui est intéressant, c'est de savoir quelle est la nature et quelle est la mesure de cette obligation.

Dans l'*Ouvrier américain*, je disais en 1898 : « Il semble que sous le nom de *solidarité* il se forme dans certains esprits aujourd'hui, en Amérique et plus peut-être en France, un courant de confusion qui menace de noyer la liberté sous un flot d'obligations sociales nouvelles... Je répéterai volontiers après Spencer : « La société existe pour le profit de ses membres, les membres n'existent pas pour le profit de la société », et j'ajouterai : « Les membres ont des obligations envers la société et la société a des devoirs envers les membres ». Liberté et solidarité sont deux principes qui ne s'excluent pas l'un l'autre ; mais opprimer la liberté au nom de la solidarité en vue d'améliorer le sort des déshérités, ce serait tuer la poule aux œufs d'or » (1).

Richesse oblige : c'est un axiome que tout le monde, économistes, philanthropes, socialistes, acceptent ; toutefois, pour l'école libérale, comme M. d'Eichthal l'a redit après bien d'autres, cette obligation est d'ordre moral et personnel ; elle crée un devoir pour celui qui peut obliger ; elle ne crée pas pour cela un droit pour qui a besoin d'être obligé ; elle ne constitue pas ce dernier à l'état de créancier et ne donne pas à l'Etat le mandat de recouvrer la créance avec son pouvoir de coercition.

(1) *L'Ouvrier américain*, t. II, p. 447 et 448.

Le solidarisme social pense le contraire. « Vous croyez faire la charité, dit M. Bourgeois, détrompez-vous, vous payez seulement votre dette... payer n'est pas donner, quand on paie ce que l'on doit, on ne fait pas don de soi-même, on exécute purement et simplement une obligation stricte. »

Entre ces deux manières de concevoir l'assistance, il y a un abîme.

La sympathie inspire l'une et la liberté en limite l'étendue aux ressources individuelles ; l'Etat impose l'autre comme une charge qu'il peut étendre indéfiniment parce que les besoins et surtout les désirs sont infinis.

Il ne me semble pas que M. Brunot ait comblé cet abîme avec les noms d'auteurs qu'il a cités comme exemples.

Le solidarisme fait mieux que citer des exemples. Il invoque la justice, la stricte justice. Or, dans l'idée de justice il y a certains points fondamentaux qui sont fixes, mais il y en a beaucoup d'autres, surtout en matière d'organisation sociale, qui se sont déplacés avec le temps et avec les peuples et qui se déplaceront encore. Quand on lit les préambules des lois promulguées sous les régimes les plus divers, on remarque que presque toujours les législateurs se réclament de la justice ; et, cependant, il y a eu et il y a des législations bien différentes.

Quand il s'agit d'opérer par autorité légale un prélèvement sur le revenu des uns au profit des autres, il est permis de supposer que l'idée de justice ne sera pas conçue de la même manière dans un pays où la majorité de ceux qui constituent les législateurs espèrent recevoir que dans un pays où la majorité des électeurs craint de payer.

M. Brunot se rassure parce qu'il croit que des idées n'engendrent pas de révolution. Quesnay n'était pas du même avis quand il répondait à la question: « Qu'est-ce qui mène la hallebarde » ? Karl Marx non plus, quand il ramenait (à tort, il est vrai) toute la philosophie de l'histoire à la lutte des classes. Autant il est bon d'ouvrir et d'élever l'esprit des masses, autant il est dangereux pour l'harmonie sociale d'y infuser l'idée d'une usurpation commise par ceux qui possèdent au détriment de ceux qui ne possèdent pas et de revendication légitime de ces derniers contre les premiers. Pour que cette revendication trouble l'ordre, il n'est pas nécessaire qu'il y ait révolution par les armes, il suffirait d'une évolution par le vote, laquelle, pour n'être pas sanglante, n'en serait pas moins oppressive.

Dans sa conclusion M. Brunot cherche à nous rassurer en déclarant qu'en ce qui concerne le débiteur le solidarisme ne dépasse pas le domaine de la stricte justice, qu'il finit avec l'acquittement de la dette et qu'en ce qui concerne le créancier le redressement solidariste est étroitement limité à la nécessité.

Où est cette limite de la nécessité et où sera-t-elle demain? Qui songeait, au temps de Louis XIV, à l'école primaire obligatoire et aux dépenses qu'elle nécessite aujourd'hui et que nous jugeons légitimes? Qui, dans un temps proche de nous, sous la Restauration par exemple, songeait à envoyer les enfants chétifs et pauvres de Paris au bord de la mer ou à promener gratuitement jusqu'en Suisse les écoliers en vacance? Est-ce le dernier terme? Au nombre des revendications possibles, M. Léon Bourgeois, qui s'est toujours beaucoup intéressé à l'enseignement à tous les degrés, mentionne l'instruction intégrale pour tous. Le vœu ne me paraît pas réalisable dans toute son ampleur. Mais pourquoi la masse du peuple ne la demanderait-elle pas au nom de l'équilibre réparateur pour la lutte de la vie? Car la solidarité sociale, telle que ses auteurs la conçoivent, s'étend bien au delà de ce qu'on comprend ordinairement sous le nom d'assistance; elle vise à égaliser, autant que possible, les chances de succès de tous ceux qui entrent dans la carrière active, comme à atténuer les causes d'inégalité de ceux qui sont parvenus au terme ou qui sont tombés en route. Mais alors, telle école réclamera un capital d'établissement pour chacun, telle la continuité d'un capital d'exploitation, telle un minimum de salaire, etc. Pourquoi pas, s'il est vrai que ceux qui ont un capital et un revenu suffisants le doivent à la société et que la société puisse transférer la créance qu'elle a sur eux à toute personne désignée par l'administration ?

Les besoins naissent avec les moyens de les satisfaire. La société, État ou commune, devenue plus riche et ayant, grâce au progrès général des idées, plus de sollicitude pour les humbles, a consacré de nos jours, comme les particuliers, plus d'argent à ses œuvres d'assistance. Elle a fait sous ce rapport une œuvre louable, une œuvre de solidarité, mais de solidarité volontaire, sans ériger, sinon dans quelques cas spéciaux, le bénéficiaire en créancier armé du droit de protêt et de saisie.

Le droit de saisie qui se traduit ici par la feuille d'imposition est ce que le libéralisme repousse dans le cas général en question comme étant contraire à la justice. Mais le libéralisme prône et recommande l'assistance privée et l'assistance publique qui toutes deux s'éclairent avec le progrès des lumières et se développent avec le progrès de la richesse; il fait observer que l'assistance privée a besoin qu'on la conseille sur la meilleure manière d'opérer, mais non qu'on lui impose une limite financière, parce qu'étant volontaire elle se limite elle-même ; l'assistance publique, et à plus forte raison la préparation de tous aux carrières économiques et intellectuelles aux frais de l'État doit être limitée préventivement afin d'empêcher qu'une générosité excessive, qui ne coûterait qu'un mandat de payer au tireur, ne dégénère en confiscation du bien des tirés.

Ceci ne signifie pas que l'État n'ait pas des devoirs d'assistance. Je me range parmi les libéraux qui estiment que l'État a une grande mission, non seulement une mission de conservation, de police et de sécurité, mais une mission de protection, d'éducation, de développement des forces productrices en vue de l'intérêt national ; que les fonctions de l'Etat se modifient et se déplacent suivant l'état de civilisation, à mesure que l'individu devient plus capable et plus indépendant, mais que les fonctions, en se transformant, ne deviennent pas moindres et même peuvent devenir plus complexes.

Ce n'est pas une raison pour que l'Etat écrase l'individu par des servitudes personnelles ou pécuniaires, ou qu'il l'absorbe dans une collectivité dirigeante.

Le libéralisme proteste au nom du droit individuel et l'économie politique démontre qu'une trop lourde charge d'impôt appauvrit la source même de l'impôt, à savoir la production de la richesse.

L'économie politique libérale craint aussi que les promesses de l'Etat non seulement alarment et découragent quelque peu la charité que M. Brunot cherche à consoler, mais aussi qu'elles n'énervent le ressort individuel de la prévoyance et la responsabilité des familles envers leurs parents vieillis ou malades. Dans certains pays, aux Etats-Unis particulièrement, la prévoyance individuelle a généralement place dans le budget ouvrier ; dans d'autres pays tels que la France par exemple, le foyer familial est souvent un refuge. Est-il prudent de faciliter à cet égard des changements de mœurs aux dépens du budget ?

Rien de ce que je dis n'est nouveau ; il n'est pas inutile néanmoins, dans la circonstance présente, de le redire afin de mettre en garde contre la confusion des idées et contre l'entraînement du sentiment, en fixant la distinction entre l'assistance et le droit à l'assistance, entre le droit de propriété individuelle, corollaire de la liberté du travail, et un droit éminent de l'Etat sur la propriété à titre de répartiteur des biens et de compensateur des inégalités. Les adeptes de l'une et de l'autre théorie cherchent assurément le plus grand bien social ; mais ils le comprennent différemment.

M. Léon Bourgeois ne veut pas absorber l'individu, quoiqu'il ne se prononce pas sur la question de socialisme, parce que, dit-il avec raison, ce mot abrite des doctrines très diverses ; il proteste contre l'amoindrissement de l'activité et de l'initiative individuelle, source de la création des biens et des idées. Il redoute même la propagande et les empiètements du collectivisme ; il le dit hautement, et M. Brunot le répète après lui.

Les deux patrons de la nouvelle théorie du solidarisme ont même l'intention généreuse d'écarter le collectivisme en indiquant jusqu'où, suivant lui, doit aller l'obligation des membres fortunés de la société et le droit de l'Etat sur ces membres et en fixant la limite au delà de laquelle cette obligation ne doit pas aller.

Sommes-nous bien sûrs que la borne soit posée à sa vraie place et que cette place soit immuable ? Les solidaristes disent que, la dette une fois payée, le débiteur est libéré. Mais ils ne sauraient dire quel est le montant de la dette, puisqu'à chaque génération les besoins des hommes se modifient et s'accroissent, les besoins réputés essentiels aussi bien que les besoins accessoires. M. Léon Bourgeois avoue avec franchise que le moment de cette libération n'arrive en réalité jamais puisque la dette renaît à chaque génération entrant dans la vie et pour la série des générations vivantes avec le renouvellement incessant des mêmes besoins et qu'elle s'accroit même quand elles atteignent la vieillesse. L'application de cette théorie conduirait donc à l'établissement d'impôts non temporaires, mais permanents.

N'est-il pas à craindre que la pratique de ce solidarisme, à cause de son indétermination théorique, ne prenne par la suite une extension démesurée et ne devienne quelque jour un gouffre pour les finances? Les ministres ont déjà beaucoup de peine à élever les recettes au niveau toujours montant des dépenses. Des optimistes nous signalent d'autres Etats dont le budget a augmenté autant et même plus depuis trente ans que celui de la France ; mais ils n'ajoutent pas qu'à cause de notre faible natalité, la surcharge par tête est plus lourde chez nous qu'ailleurs. Il est vrai qu'il y a des socialistes qui estiment que l'impôt n'est jamais trop considérable parce qu'ils en voudraient user comme d'un moyen de répartition du revenu national par l'Etat et d'égalisation des fortunes.

M. Léon Bourgeois, qui a observé en philosophe et en homme d'Etat les courants politiques, a constaté l'extension que depuis une quinzaine d'années ont prise en France les doctrines socialistes et la forte position qu'a occupée dans le gouvernement la politique socialiste, abritée derrière l'interventionnisme en attendant mieux. Il a pensé faire acte de sagesse en étendant le domaine de l'assistance publique, par conséquent le champ d'action de l'Etat, et en concédant ainsi à l'Etat une place assez large pour qu'il ne s'avise pas de revendiquer la place entière, je veux dire la direction absolue du mouvement économique, production, circulation et répartition, comme le proposent, malgré la diversité de leurs plans d'avenir, la plupart des écoles socialistes.

C'est donc une barrière qu'il a voulu élever entre le régime de la liberté et celui du collectivisme ou du communisme. N'a-t-il pas jeté plutôt un pont qui permettrait aux pouvoirs publics d'invoquer un principe nouveau pour faire passer insensiblement, au moyen des lois imposant l'acquittement d'une dette indéfinie en quantité et en durée, presque tout le revenu national dans le domaine gouvernemental ?

En reprenant la métaphore de la barrière, nous pourrions dire que la théorie du solidarisme social est une barrière flottante sur des eaux que le courant grossissant de l'interventionnisme dans une démocratie pourrait entraîner jusqu'à l'épuisement total des revenus particuliers. Si ce n'est pas abuser des métaphores, nous ajouterons que l'impôt est une pompe aspirante par le jeu de laquelle le socialisme pense pouvoir opérer en partie la transformation sociale qu'il rêve.

Il n'est donc pas étonnant que le socialisme, tout en déclarant le solidarisme insuffisant, lui fasse un bon accueil; il le considère comme un précurseur, un intermédiaire, une transition qui l'achemine lui-même vers sa fin propre.

C'est donc en nous associant à l'une des pensées de M. Léon Bourgeois, celle de ne pas abandonner au collectivisme la mission de réorganiser la société, que nous concluons que le solidarisme d'Etat, par son principe en théorie et par son indétermination en pratique, est un système qui ne paraît ni fondé en droit, ni précis en fait et qui conduirait à de dangereuses et lointaines conséquences.

Et pourtant, nous reconnaissons volontiers que la politique incline aujourd'hui à engager la législation ouvrière et les institutions sociales dans la voie de l'interventionnisme. Chaque régime politique a ses tendances propres. Le régime féodal, puis le régime monarchique ont eu, en France, chacun des principes d'après lesquels ils ont légiféré sur la condition des personnes et des biens. Réalisaient-ils la justice? Ils le croyaient. La monarchie parlementaire a eu aussi ses principes. La bourgeoisie, haute, puis moyenne, qui dirigeait alors, a-t-elle réalisé la justice? Elle croyait la réaliser en gouvernant dans son intérêt. L'institution du suffrage universel en 1848 a donné à la politique sociale de la France une orientation nouvelle: c'était logique. La constitution républicaine de 1875 a rendu le suffrage universel maître absolu des destinées du pays et d'autant plus puissant que les institutions administratives, organisées par et pour un pouvoir monarchique, sont, en France, centralisées dans les mains du gouvernement. Il existe donc, quels que soient les sentiments personnels des élus de ce suffrage, une tendance nécessaire à faire prévaloir les intérêts de la masse ouvrière sur les autres, indépendamment de toute considération de justice ou d'injustice, comme les élus du suffrage censitaire faisaient prévaloir les intérêts de la bourgeoisie.

Sous le règne de Louis-Philippe, on disait de l'école des doctrinaires qu'elle maximait ses pratiques. Aujourd'hui que la foule est reine, convient-il aux philosophes de maximer ses désirs, c'est-à-dire de prêter l'autorité morale d'un principe de droit à ses récriminations contre l'injustice du sort qui fait les uns plus fortunés que les autres et à son aspiration aux jouissances de la richesse ?

Un des principes du socialisme est que le capital doit être donné gratuitement à quiconque veut travailler. Ce principe doit être naturellement agréable à qui n'a pas de capital ; on est porté à y croire puisqu'on en désire l'effet, et à donner sa confiance et, partant son vote, à qui en promet l'application. L'application complète est irréalisable, c'est certain ; mais de la croyance au principe il résulte une déception et un ferment d'agitation qui trouble la stabilité morale de la société : c'est là un des dangers de la prédication socialiste. Le solidarisme ne va pas aussi loin ; mais qui arrêtera l'interprétation des adeptes ayant la foi et croyant fermement que l'Etat a le droit et le devoir d'équilibrer les chances de la vie entre tous les hommes par l'impôt ?

Le socialisme et le solidarisme peuvent former des projets qui non seulement soient érigés en lois par la volonté des majorités, mais qui se trouvent en conformité avec l'idée de justice sociale telle que nous la concevons en France au commencement du XX° siècle, projets que le libéralisme est prêt à soutenir avec eux : c'est matière à examen spécial pour chaque projet. Ce qui fait la dissidence radicale, c'est la question de principe ; elle est très importante parce que le principe engendre logiquement les conséquences et les patronne devant l'opinion publique. Cette question, étant d'ordre philosophique, était bien du ressort de l'Académie des sciences morales et politiques.

Est-il désirable que la politique française, après avoir

cherché des exemples dans tous les pays étrangers pour les appliquer, s'efforce de faire prendre à notre pays le premier rang dans la voie de l'interventionnisme en vue de changer la répartition de la richesse ? Et, si elle s'aventure systématiquement dans cette voie sous l'impulsion du socialisme, le solidarisme sera-t-il un frein ou un stimulant ?

M. Albert Sorel : — Les observations que j'ai à présenter ne portent pas sur le fond de la question. A cet égard je déclare mon incompétence. L'auteur du mémoire dit que la doctrine est inoffensive et je ne la trouve pas du tout inoffensive. Je lis dans le mémoire (p. 39) : « La raison est l'attribut non de l'individu mais du genre humain tout entier. Et par la base rationnelle qu'elle nous fournit, la doctrine s'impose à tous dès qu'elle s'impose à un seul. »

Si l'auteur du mémoire renversait sa proposition et disait que la doctrine, quand elle s'impose à tous, s'impose à chacun, ce serait de la dernière évidence. Mais si s'imposant à un seul elle doit s'imposer à tous, qui sera ce *seul* dont la doctrine s'imposera ?

Nul ne doit ignorer la loi, c'est une formule qui s'applique très bien à la loi écrite ; mais il m'est impossible d'appliquer cette définition aux lois d'une autre nature. On fait une confusion sur le mot loi. La définition de Montesquieu s'applique à toutes les lois, au sens scientifique du mot. Mais elle ne signifie pas que toute loi soit nécessairement juste. Toute loi écrite est-elle la justice, est-elle synonyme d'esprit de justice ? Pour moi qui ai quelque pratique de la confection des lois, je ne puis les définir que d'un mot : l'expression de la volonté du législateur.

La loi de prairial, la loi du sacrilège, la loi de sûreté générale, les lois qu'on a appelées les lois scélérates, sont-elles des lois telles que, pour s'imposer à un seul ou à quelques-uns, elles doivent nécessairement s'imposer à tout le monde ?

Je retrouve cette confusion dans la partie relative au *Quasi-contrat*; le quasi-contrat ne me dit rien qui vaille, encore qu'il soit social. Je prévois des coups d'État intellectuels de la part de ceux qui auront conçu une doctrine qu'ils voudront faire prévaloir. Supposons que ce créateur de doctrine possède un moyen légal d'imposer son opinion, cela sera inquiétant pour ceux qui ne seront pas de son avis. Je vois apparaître un appareil judiciaire inquiétant. Je vois arriver le juge, l'huissier, le gendarme, le fisc et cela est loin de me rassurer.

Ce qui m'inquiète encore plus, c'est que la loi que je n'ai pas consentie m'oblige implicitement, c'est la doctrine du consentement tacite. Entendons-nous. Je dois à la loi régulièrement établie ma soumission ; je ne lui dois pas mon consentement. Dans les pays libres il n'y a pas de consentement tacite ; les citoyens nomment le législateur, le législateur fait la loi et la défait.

Il y aurait pour celui qui voudrait imposer sa loi cette tentation de dire : « Quand je voudrai le consentement, je ferai le silence » et de le faire par la force.

Cette doctrine est la négation de la liberté des citoyens, elle a des conséquences redoutables, et je les trouve dans le mémoire que nous avons entendu ; je lis en effet page 56 : « Dira-t-on que cette interprétation des silences individuels empiète sur la liberté ? Non, puisque l'exode reste libre. Nulle puissance ne retient malgré lui le citoyen qui veut s'éloigner. Dans tout pays, à toute époque, il y eut des émigrants et des déserteurs, des apostats et des fugitifs. Grandes ou petites, les sociétés connaissent les démissions et l'abandon. »

Il ne faut pas comparer l'émigrant et le déserteur, l'apostat et le fugitif. Dans nos lois, dans notre société républicaine, il n'y a pas de châtiment pire que l'exil, c'est la peine la plus dure et ce serait une ressource ! Prenons garde : nous l'avons vue, l'émigration avec ses résultats, au moment de la Révocation de l'Edit de Nantes et des lois de la Terreur. C'est la théorie qui consiste à dire à celui qui n'est pas satisfait : va-t-en ! et quand il est parti, à lui en faire un crime. On confisque ses biens et s'il rentre en France, c'est la mort. En ma qualité d'historien, j'ai vu dans ces doctrines des choses assez graves pour me permettre d'appeler sur leurs conséquences l'attention de l'Académie.

M. Clément Juglar : — La question de la solidarité sociale est vieille comme le monde ; de tout temps on a trouvé que la fortune était mal répartie, et cette opinion était partagée aussi bien par ceux qui possèdent que par ceux qui ne possèdent rien. Aussi une nouvelle répartition de cette fortune dans le monde a toujours préoccupé certains esprits et surtout les ambitieux. On a voulu réparer l'injustice du créateur quand on en admet un, ou plutôt de l'impératif catégorique ou de l'absolu, comme il est d'usage de l'appeler aujourd'hui, afin de ne pas employer le nom de Dieu.

Sans remonter dans l'histoire jusqu'aux Gracques, sans faire appel à tous ces réformateurs que nous a si bien décrits Louis Reybaud, il suffira de rappeler les souvenirs de 1848 pour constater que le socialisme aussi florissant qu'aujourd'hui, pendant les premiers temps, a tenu le haut du pavé.

C'était le même sujet, mais le vocabulaire a changé tout en traitant le même fond. Le suffrage universel, comme aujourd'hui, demandait des satisfactions ou, au moins, des promesses ; on n'hésitait pas à les faire, sinon à les tenir : c'était alors comme aujourd'hui. Le communisme, ce mot vulgaire, a été remplacé par un mot plus élégant, indiquant un choix, quoiqu'en prenant dans la masse : le collectivisme. On ne parle même plus de prendre, on parle de mutualité, c'est une formule de politesse, on met tout à la disposition de ses voisins, à charge de revanche.

Allant plus loin, où n'ira-t-on pas, on insiste sur la solidarité de tous les membres dans un groupe d'hommes. Il est vrai, ces groupes ne se ressemblent pas, il y en a de richés et de pauvres ; dans ce cas il y aurait peu à partager, et ce sont les-plus nombreux. Parmi les pauvres il y a aussi les riches, et on se demande de quel droit ils sont plus riches que les autres ?

Il faut tout égaliser, c'est la mainmise sur la richesse, et qui prêche cette doctrine ? Ceux qui aspirent à représenter le peuple.

Cette thèse est toujours populaire jusqu'au moment où les chômages et la baisse des salaires indiquent que la fortune a baissé.

Le même citoyen républicain, qui a voté la République, vote alors pour un empereur. L'activité des échanges, non menacée, reparaît aussitôt, quelques victoires couronnent des guerres pour des nationalités qui, comme l'Italie et la Prusse, nous ont montré leur reconnaissance quand le désastre est arrivé !

On rétablit la République et les mêmes thèses sans succès aux époques antérieures reparaissent aujourd'hui, quoique leur oubli n'ait pas empêché le développement d'une période de prospérité sans précédents.

On parle bien encore du collectivisme, mais on le reporte à une époque lointaine. On a aussi promis des retraites pour une époque à laquelle beaucoup n'arriveront pas. Il faut quelque chose de plus actuel, un partage immédiat.

On a songé à la solidarité. Nous avons entendu l'éloge de cette doctrine que l'on donne comme une idée nouvelle, quoiqu'elle n'ait pas fait fortune même en 1877.

Le problème de la richesse placé entre l'individualisme et le collectivisme, il fallait choisir et trouver un nouveau procédé en dehors de la solution libérale et socialiste. Devant cette poussée, on s'est demandé, puisqu'il y avait des droits, s'il y avait aussi des devoirs, et cela, en libérant son esprit des anciennes croyances acceptées sans examen. On substitue à la tradition la libre recherche et une critique incessante. Il n'y a pas de législation sur la production de la richesse ; malgré les conquêtes merveilleuses de la science, le bien-être des populations n'a pas augmenté. Pas de progrès, la misère n'est que plus cruelle à la vue de l'accroissement de la richesse des autres.

La propriété est née de l'injustice, de l'usure et de la conquête du plus fort. Le travail est impuissant en présence de la toute-puissance du capital ; le travail est impuissant pour fonder la propriété. L'Etat doit rétablir l'équilibre, vaincre l'égoïsme, imposer par force la règle de la justice, afin d'accorder la part légitime du travail dans la production. C'est l'abandon de la croyance à une vie future meilleure ; la justice après la mort n'est qu'un mirage, on veut l'obtenir dès cette vie. La résignation a fait place à l'impatience ; la raison libre est le seul critérium ; elle est en évolution perpétuelle vers un type plus élevé ; Excelsior, cherchant la réalisation du bien dans la réalisation du vrai. On a toujours recommandé la vertu, défendu l'injustice, au contraire les règles morales des religions sont différentes.

Aujourd'hui tout est remis en question ; il y a un désaccord des institutions politiques, économiques, sociales, que le progrès de la raison humaine transforme chaque jour. La vérité de la science rectifie les idées morales. Il faut rétablir l'accord entre les sentiments et les actes. L'homme fait partie d'un tout, la personne doit se socialiser, non les biens. L'homme ne pouvant vivre qu'en société est un débiteur, c'est un devoir social de reconnaître une dette, chaque individu doit abandonner une partie de son droit à la société pour sauver l'autre, le socialisme s'en emparera afin de rétablir non l'égalité des conditions, mais du droit.

Qui fixera les comptes du partage et la répartition ?

quelle sanction ? Difficulté sans doute, mais il suffit d'établir le principe pour l'homme vivant pensant et conscient. Il ne s'agit pas d'un contrat, dans ce cas il n'y a jamais d'égalité, il s'agit d'un besoin, c'est le plus habile qui triomphe. Ici ce n'est plus le cas, il faut satisfaire l'idée de justice par la reconnaissance et l'acquittement de la dette sociale. Pour arriver au but, on fait intervenir le quasi-contrat, l'association humaine, une obligation quasi-contractuelle ayant une cause, dette de l'homme envers les hommes ; c'est l'achèvement de la théorie politique et sociale dont la Révolution française, sous les trois termes abstraits de liberté, égalité, fraternité, a donné la première formule au monde. Voilà la doctrine, on fait appel à la contrainte de l'Etat pour soulager, remplacer même la bienfaisance privée. La solidarité reste dans le domaine de la justice, la charité dans le domaine de l'amour. La société consciente de l'équité vraie peut-elle rester spectatrice indifférente de l'injustice ?

Voilà la doctrine nouvelle que l'on nous propose pour remplacer le communisme et le collectivisme, c'est le mépris du passé et de la tradition. Après la lecture de M. Brunot et surtout de la brochure sur la solidarité, la section d'économie politique pouvait se considérer comme licenciée, c'est pourquoi nous avons pris la parole.

Dans une société chacun profite de la civilisation et jouit du patrimoine de la nation qui n'est pas un patrimoine commun ; il y a eu déjà un grand nombre d'appropriations ; le sol, le capital, le crédit ont été divisés, morcelés reconstitués de mille façons : ce dont on profite, c'est du gouvernement et de la sécurité qu'il donne. Admettre que dans une société on nait créancier ou débiteur, c'est établir en principe l'inégalité, ce qui est le contraire de notre devise républicaine. Est créancier celui qui n'a *rien* et qui n'a fait *aucun effort* pour avoir quelque chose ; est débiteur celui qui a épargné, l'épargne est aussi un travail.

De son travail, on ne lui prendra qu'une partie, mais n'est-ce pas déjà ralentir son effort puisque l'on supprime la moitié, sinon plus, du bénéfice qu'il a en vue, bénéfice qui appartiendra à celui qui sans effort est classé dans la catégorie des créanciers. Dans les deux cas, *diminution* du *travail*, baisse du patrimoine social à partager.

Les économistes condamnent toute intervention de l'Etat dans le jeu des phénomènes de production, de distribution et de consommation de la richesse.

Les socialistes exigent au contraire l'intervention de l'Etat dans les phénomènes de la vie économique ; c'est faute, disent-ils, d'une législation sur la production et la distribution de cette richesse que, malgré les conquêtes merveilleuses de la science, le bien-être de l'immense majorité des hommes n'a pas sensiblement augmenté. Pour faire une pareille affirmation, il faut être étranger à tout ce qui se passe sous nos yeux et n'avoir pas suivi la hausse des salaires et de l'épargne. Quelle que soit même cette inégalité des salaires, et des conditions, plus dans ce dernier cas l'inégalité est grande, plus la situation du salarié est bonne. Observez-la dans les quartiers riches et pauvres ; il en est de même du prix de tous les produits.

Le droit de propriété, dit-on, est né de l'injustice, de l'usure et de la conquête par la force ; le travail est impuissant, le capital est tout-puissant. Est-ce le cas pour la petite propriété dans les campagnes et dans les villes ?

« L'association crée », a-t-on dit, avec le concours des actions individuelles, dont le rôle pour chacune d'elles est bien différent.

On s'étonne de la puissance du capital, des résultats qu'il peut donner dans une main habile si celle-ci a le sentiment de la mesure, qualité plus rare que celle du génie, mais on ne met jamais en parallèle ses échecs. La liste en est lamentable non seulement par la série des faillites, mais sans aller jusque-là par les entreprises qui n'ont pas réussi et qui ont englouti un immense capital, peu de chose encore à côté de celui qui n'a pas été complètement perdu, quoique compromis pour un tiers, même moitié et au-dessus... Ces pertes, on peut les constater sur les cotes de la Bourse de Londres et de New-York.

CHEMINS DE FER

	Au-dessous du pair de l'émission.	Au-dessus du pair de l'émission.
Angleterre.	29 Compagnies.	19 Compagnies.
New-York.	59 —	96 —
Chemins de fer étrangers . . .	87 —	34 —
Opérations commerciales et industrielles	12 —	16 —

On peut estimer que, fortune faite, on a perdu 1/2 à 1/3 de son capital.

L'aléa est énorme et ce capital perdu pour le possesseur, où a-t-il été? Perdu ! non pas, pour la plus grande partie il a payé les salaires des ouvriers qui n'ont couru aucun risque, mais dont le travail n'a pas été rémunérateur. C'est un fait providentiel de voir le capital se répandre ainsi naturellement dans les mains qui en avaient le plus besoin, c'est plus que la dîme de la richesse et le prélèvement bien mieux fait que par l'entremise de l'État, va directement à ceux qui, par leur travail, y ont droit. Si le capital a des avantages, il court aussi de grands dangers.

En résumé, que reste-t-il de ce capital toujours passant de mains en mains, objet de toutes les convoitises, ? Nous en avons les comptes sur les tableaux des droits de succession.

M. Vilfredo Pareto, professeur d'économie politique à l'Université de Lausanne, a publié en 1896 la courbe de la répartition de la richesse dans les divers pays. Elle est partout à peu près la même. M. de Foville l'a constaté pour l'Italie, Giffen pour l'Angleterre, d'autres pour l'Allemagne. De toutes ces observations, on a pu tirer une formule algébrique dont l'exposant est partout le même.

Sur une moyenne annuelle de 15 années et sur 700.000 décès on compte 165.000 successions, dont :

        70.000 de moins de   500 fr.
       120.000   —   2.000 fr.
        75.000   —   50.000 à 100.000 fr.

La liquidation sociale rêvée par les collectivistes ou ceux qui aspirent aux fonctions sociales rétribuées ou aux affaires avec pot-de-vin serait une médiocre affaire.

La même somme partagée entre les vivants donnerait à chacun moins de 15.000 fr., c'est-à-dire 20 sous par semaine, 3 sous par jour, mais il n'y aurait plus ni travail, ni salaire, la promesse est faite, cela suffit.

M. Boutroux : — La doctrine dite solidarisme a été constituée en vue de faire reposer le devoir de bienfaisance, non plus sur la charité ou l'amour, comme sur un sentiment subjectif et libre, mais sur une idée, sur un principe scientifique et rationnel, propre à justifier l'intervention de la force publique.

On a tout d'abord cherché dans la science générale de la nature les éléments de la doctrine. Contrairement au préjugé déterminé par les apparences, a-t-on dit, la science nous enseigne que tout se tient dans la nature. Aucun phénomène ne se produit qui n'ait ses conditions et son retentissement dans l'univers entier. Et cette solidarité est plus étroite à mesure que l'on considère les parties d'un ensemble plus relevé. La solidarité dite organique est la caractéristique des êtres vivants et des sociétés humaines. Si donc nous voulons régler notre vie sur les résultats les mieux établis des sciences de la nature, nous devons adopter la célèbre maxime d'Auguste Comte : Étant donné la soli-

darité qui lie chacun de nous à l'ensemble de nos semblables, vivre pour autrui.

Cette démonstration est-elle rigoureuse?

Nous n'avons plus aujourd'hui à faire observer que la
solidarité naturelle est, selon les cas, bienfaisante ou mal-
faisante; que l'hérédité, qui en est une forme, nous transmet, tantôt la santé, tantôt la maladie; que la vie des uns a
sa condition, et dans la vie, et dans la mort des autres ; et
qu'ainsi la solidarité naturelle est une simple loi de fait,
avec laquelle il faut compter, non un ordre divin des
choses auquel il serait sacrilège de se soustraire. Il en est
de la solidarité comme des lois physiques en général : on en
tire parti quand elles vont à nos fins, on les combat en s'appuyant sur d'autres lois quand elles nous sont contraires.

Ces remarques sont aujourd'hui banales. Mais peut-être
a-t-on moins insisté sur cette considération, que la solidarité, même comme loi de la nature, n'a pas l'universalité
qu'on lui attribue et sur laquelle on fonde son autorité. En
somme, on a généralisé la loi de Newton, suivant laquelle
tous les corps s'attirent. Mais les corps s'attirent en raison
de leurs masses et en raison inverse du carré des distances,
d'où il résulte que ceux qui sont très éloignés sont sensiblement sans influence les uns sur les autres. Il y a ainsi
dans la nature des systèmes de corps quasi isolés, quasi
autonomes. C'est même à cette particularité que Newton a
dû de pouvoir découvrir sa loi. Si toutes les actions de tous
les corps avaient dû être également prises en considération
pour expliquer le mouvement des planètes autour du soleil,
amais ce mouvement n'aurait été expliqué. Et l'on peut en
dire autant de toute loi découverte par le physicien. Une loi
est une solidarité particulière, sensiblement isolable des
circonstances ambiantes. Pascal a pu expliquer la suspen-
sion de la colonne de mercure dans le baromètre, parce
que ce phénomène, en même temps qu'il est solidaire d'une
certaine condition, la pression atmosphérique, est sensi-

blement indépendant des autres. La possibilité de la science humaine repose, et sur l'existence de relations de solidarité dans la nature, et sur l'isolement relatif de certains systèmes de phénomènes ; elle suppose, dans les choses, à la fois interdépendance et indépendance relative. Et la seconde condition n'est pas moins indispensable que la première. Il semblait bien exprimer la caractéristique de l'existence, l'illustre métaphysicien qui l'a définie : la tendance de l'être à persévérer dans sa manière d'être. Par cette proposition célèbre, Spinoza signifiait que, sans être un empire dans un empire, une chose pourtant ne peut être dite existante que si elle est elle-même, si, à travers ses rapports avec les autres choses, elle tend à rester elle-même, si elle jouit d'une certaine autonomie, ou utilise pour ses fins propres les liens de solidarité qui l'unissent aux autres êtres.

On remarque, certes, entre les parties dont se composent les êtres organisés, une solidarité plus étroite que celle qui unit les parties d'un ensemble inorganique, et cette solidarité même est la marque de leur supériorité. Mais là encore la solidarité ne se suffit pas. Les organes d'un corps vivant sont eux-mêmes des organismes, doués jusqu'à un certain point d'une vie propre. Il n'est pas jusqu'au moi de l'âme humaine qui, dans son unité de coordination, selon le mot d'un de nos confrères, n'enferme en lui des centres multiples, capables, sous certaines conditions, de se dissocier plus ou moins, et d'exercer une activité relativement indépendante.

Si donc on veut vraiment raisonner par analogie en s'appuyant sur la science de la nature, il faut poser comme conditions d'existence de l'humanité et la solidarité et la non-solidarité, et s'appliquer, dès lors, à définir et mesurer ces deux termes. La doctrine dite solidariste reste en deçà du problème.

On n'a pas tardé à s'apercevoir qu'elle ne recevait des

sciences physiques, de la science proprement dite, aucun secours véritable, et on l'a transportée sur le terrain juridique. Saint Augustin disait à l'homme : *Quid habes quod non accepisti !* On a repris cet aphorisme en remplaçant Dieu par la société. Dès lors, dans tout ce que nous sommes, dans tout ce que nous faisons, nous assumons, à l'égard de la société, la situation d'un débiteur à l'égard d'un créancier. Or la justice veut que toute dette soit payée, de gré ou de force. Cette forme de solidarisme est ce qu'on appelle le système de la dette sociale, en entendant par ces mots, sans grand souci de la grammaire, une dette envers la société.

Je ne songe pas à nier la dette sous prétexte qu'on n'en peut assigner le chiffre, ou que le créancier est anonyme. Je sais bien qu'un objet que je trouve dans la rue n'est pas à moi, quoique j'en ignore le propriétaire. Et je ne refuserai pas de payer telle marchandise que j'ai reçue, sous prétexte que le prix n'en pourrait être fixé que d'une manière arbitraire. Mais je me demande de quel droit on appelle dette, indistinctement, tous les services que je reçois de la société. Parmi ces services se trouvent les labeurs que mes parents, mes ancêtres, les grands cœurs et les grands esprits de mon pays et du monde se sont imposés pour nous faire une destinée plus haute que la leur. Ils se sont imposé ces fatigues par amour, par dévouement, par joie de donner et de se donner. Je méconnais leur pensée et j'offense leur mémoire, en les assimilant à des marchands, en affectant de nier leur désintéressement. Quel est le mobile d'un Pasteur, tandis qu'il consacre toutes ses forces à la découverte de vérités utiles ? Pense-t-on que ce soit de gagner de l'argent ? Pourquoi tel illustre savant se contente-t-il du modique traitement que l'Etat lui marchande, alors qu'il lui serait si facile de s'enrichir ? Pourquoi, sinon parce que les inventeurs, les apôtres, les semeurs de vérité et de justice, imitant la munificence divine, entendent donner et non pas vendre les fruits de leur génie et de leur travail? Et c'est pourquoi nous les vénérons et les aimons ; c'est pourquoi nous nous sentons, en conscience, obligés envers leur mémoire, obligation dont il nous semble que nous nous acquittons de notre mieux, quand nous nous efforçons de les imiter et de nous dévouer à notre tour.

Donc tout ce qu'on reçoit ne crée pas une dette matérielle, une dette dont on puisse s'acquitter en versant de l'argent. Que si néanmoins il résulte réellement, soit d'un pseudo-quasi-contrat, soit de faits plus tangibles, que j'ai envers la société telles obligations strictes auxquelles je ne prenais pas garde, c'est à la justice, comme on le dit fort bien, et à elle seule, qu'il faut se référer pour déterminer ces obligations. Il faut que la justice soit. Mais je ne vois pas pourquoi, à ce propos, on dénonce un antagonisme de la justice et de la liberté et pourquoi on veut que la première s'exerce aux dépens de la seconde. Justice et liberté ne s'opposent pas : elles s'impliquent. La justice est la réalisation des droits : or un droit, c'est une liberté ; et la liberté est un pouvoir moral, tendant à dominer la force brute : or ce qui lui donne sa direction et sa force, c'est l'idée de justice. Le conflit que l'on constate ne se produit pas entre la justice et la liberté, qui, elles, sont vraiment solidaires : il naît au sein de la justice elle-même, parce qu'à côté de tel droit déterminé il existe toujours d'autres droits, auxquels la justice veut qu'il soit également satisfait. Que les droits de la société soient de mieux en mieux reconnus, cela est juste. Mais ces droits ne sont pas les seuls. Il y a les droits de la famille, il y a les droits des collectivités, il y a les droits des individus, il y a le droit de celui-là même en qui on dénonce un héritier et un débiteur, s'il est vrai de dire avec Gœthe :

Was du ererbt von deinen Vätern hast,
Erwirb es, um es zu besitzen.

(Ce que tu as hérité de tes pères, tu ne le possèderas véritablement que si tu le gagnes et le fais tien par ton travail).

Pour appliquer toute la justice, c'est-à-dire pour appliquer la justice, il faut considérer à titre égal et concilier entre eux tous les droits.

C'est ce qu'omet de faire la doctrine solidariste, toute tournée qu'elle est vers ce qu'elle appelle la dette sociale. Et ainsi elle ne tire pas plus de réalité des principes du droit que de ceux de la science de la nature. Elle n'existe qu'à condition de ne point se définir, de ne point s'expliquer, de ne point se démontrer. Elle se réduit à un mot : solidarité, solidarisme. Est-ce à dire qu'elle soit sans valeur et sans importance ?

Les mots, en ce monde, sont des forces. On se groupe autour d'un mot, on le prend pour centre de ralliement, d'autant plus volontiers que le sens en est moins défini, plus flexible et plus complaisant. Un mot est efficace pour créer, plus efficace peut-être pour détruire. C'est que si, par lui-même, un mot n'exprime pas nécessairement une idée, il exprime tout au moins une volonté, ou un sentiment, ou une passion. Et c'est le cas du mot solidarisme. Il veut dire volonté de remplacer la charité libre par l'assistance légale. Et l'on a beau réfuter les systèmes solidaristes, le solidarisme subsiste, parce que ces systèmes n'ont été imaginés qu'après coup, pour essayer de justifier rationnellement des conclusions posées d'avance : simple placage logique, qui ne fait pas corps avec la croyance et la volonté. C'est ainsi que les scolastiques posaient les croyances religieuses d'abord, et en cherchaient ensuite la démonstration rationnelle. On n'a pas tué la foi, par cela seul qu'on a brisé le réseau de la scolastique.

La solidarité que le solidarisme érige en dogme, c'est, dans le fond, un sentiment, une croyance, une aspiration. C'est la sympathie, tendant à venir en aide aux déshérités, et à utiliser pour cet objet les forces de la société, puisque celles des individus sont insuffisantes. C'est la volonté commune de transporter plus ou moins à la société organisée le devoir de bienfaisance que se reconnaissent les individus. Que l'on tienne compte au solidarisme de cette volonté, de cette croyance, et ses raisonnements reprennent figure et validité. Sa logique est concluante, pourvu que l'on reconnaisse qu'elle est pipée.

En somme, après comme avant la campagne solidariste, nous nous trouvons en présence de la charité, ou amour des hommes, et nous nous demandons en quel sens et dans quelle mesure la charité peut être le fondement d'une contrainte légale.

On sait qu'il y a une cinquantaine d'années, alors que florissait la philosophie de V. Cousin, on enseignait dans nos écoles que la justice et la charité diffèrent entre elles comme l'idée et le sentiment, et que, pour cette raison, la première engendre une obligation stricte et légale, tandis que la seconde ne fonde qu'une obligation large et non exigible. Il est remarquable que solidaristes et antisolidaristes sont également placés au point de vue de cette philosophie. Les uns et les autres admettent qu'idée et sentiment sont radicalement distincts, que l'idée seule peut fournir des principes absolus, tandis que le sentiment est purement subjectif et libre, enfin que la justice est une idée pure, et la charité un pur sentiment. Dès lors, pour pouvoir conclure à l'inverse des disciples de V. Cousin, les solidaristes se voient obligés de démontrer que le devoir de bienfaisance rentre dans l'idée toute rationnelle de la justice, et ils s'y évertuent.

Mais la psychologie qui leur impose ces tours de force est aujourd'hui généralement abandonnée. Non seulement l'intelligence ou la raison n'est plus considérée, chez les psychologues, comme une faculté indépendante et supérieure, mais elle est subordonnée au sentiment, à la volonté, à l'activité. C'est le sentiment qui est la vie, l'être, le moteur : l'intelligence est l'invention et l'usage de signes, propres à favoriser la satisfaction des sentiments. L'intelligence est une forme vide qui suppose une matière ; et cette matière, elle la trouve dans nos émotions, nos passions, nos volontés, nos croyances.

Avec la psychologie, la morale est d'accord pour enseigner que le gouvernement de l'âme revient en première ligne, non à la raison, mais au sentiment. La raison analyse, déduit, mais est indifférente aux principes. Identifier la vie avec la raison, va jusqu'à dire M. Herbert Spencer (*Facts and Comments*, 1902), « ce serait désapprendre à être honnête et noble ». « L'intelligence, estime-t-il (*Social statics*), n'est pas un pouvoir, c'est un instrument. Dire que les hommes sont gouvernés par la raison est aussi irrationel que de dire qu'ils sont gouvernés par leurs yeux. La raison est un œil, l'œil à travers lequel les désirs voient le chemin qui mène à leur satisfaction ».

S'il en est ainsi, est-il philosophique de vouloir que les lois se fondent exclusivement sur des idées, et ne relèvent jamais de sentiments ? En fait, comme il a été justement remarqué, certaines lois, visiblement fondées sur des sentiments, sont universellement approuvées et admirées. Telles les lois Roussel et Bérenger, lois de sympathie, de bonté, d'indulgence, d'humanité.

Il y a plus. Si dans les lois écrites on s'applique à distinguer du concept, de la forme, du texte, le principe concret et véritable, on trouvera que toutes, en dernière analyse, dérivent de sentiments. Fustel de Coulange a montré la part considérable qui revient, dans les lois de la Grèce et de Rome, au culte de la famille, aux croyances touchant la survivance des morts, à la religion, c'est-à-dire à un ensemble de sentiments. Quand nous nous appuyons, dans la confection de nos lois, sur la dignité de la personne humaine, de son activité, de sa parole, de sa conscience, sur les liens naturels et moraux de la famille, sur le prix de la vie, sur l'intérêt individuel ou social, en vain nous représente-t-on ces principes comme des idées pures : ce sont des sentiments, des instincts, des croyances, amenés par la réflexion à l'état d'idées. Ce qui fait la valeur de ces croyances, c'est leur profondeur, leur force, leur généralité, leur rapport à la conservation, à la grandeur, au progrès de l'humanité.

Il serait donc illégitime de dénier à la doctrine qui nous occupe le droit d'intervenir dans la législation, par cette seule raison qu'elle repose sur des sentiments et non sur des idées. Ce n'est pas par ce trait que le solidarisme se différencie des autres philosophies du droit. Mais tout sentiment, non plus, n'est pas apte à justifier des prescriptions légales. Pour que le sentiment puisse engendrer des lois, il faut qu'il jouisse, parmi les membres de la société en question, d'un degré suffisant de force et de généralité, qu'il leur fasse tenir certains actes pour nécessaires, qu'il soit conçu et défini de manière à se concilier avec tous les sentiments essentiels.

Le là la tâche qui incombe au solidarisme. S'il veut passer de la théorie à la pratique, il faut qu'il envisage, comme disait Aristote, le possible et le convenable, τὸ πρέπον καὶ τὸ δυνατόν. La théorie pure peut se contenter de considérer à part telle relation, telle loi, tel droit, comme s'il existait seul. Mais la pratique veut qu'on envisage tous les côtés de la question, toutes les relations en jeu, tous les droits intéressés. Le solidarisme doit, semble-t-il, pour se placer au point de vue pratique, examiner notamment les trois points suivants :

1o En quoi consiste au juste le sentiment de solidarité qui paraît se développer dans notre société, et y refouler l'égoïsme et l'individualisme ? Quelle est la généralité, quelle est la force, quelle est la fin et la valeur de ce sentiment ?

2° Quelle place la justice assigne-t-elle à la solidarité dans l'ensemble des conditions d'une société idéale ? Quelles sont les solidarités qu'il convient d'affirmer, d'établir et de développer ? Quels sont, en revanche, les centres d'action qu'il convient de maintenir relativement autonomes et indépendants ? Quels droits respectifs faut-il attribuer aux diverses réalités sociales, famille, patrie, nation, individus, associations ou groupements divers, générations passées et générations futures, quels rapports faut-il établir entre ces droits, pour se conformer au principe général de la justice : *suum cuique?*

3° Enfin, quelle est proprement, au sujet de l'assistance, la compétence et la capacité respectives des individus, des associations et de l'Etat ? Que chacun fasse ce qu'il est le mieux en mesure de faire, qu'il assume la tâche à laquelle il est le plus apte, telle est, en effet la règle commune, à laquelle se soumettra volontiers quiconque cherche le bien et non la domination.

Ces principes ne prescrivent d'avance ni n'excluent aucune solution. C'est affaire aux hommes qui unissent à la générosité du sentiment, la réflexion, la pratique et l'expérience, de dégager ce qui est juste et bon des théories encore confuses du solidarisme.

M. E. Cheysson : — Nos éminents confrères qui ont pris part jusqu'ici à la discussion sur la solidarité ont presque épuisé le sujet et n'ont laissé qu'à glaner après eux. Je m'abstiendrai donc de revenir sur ce qui a été dit et si bien dit par eux, pour me borner à quelques observations rapides sur les points qu'ils n'ont pas encore touchés ou qu'ils ont simplement effleurés.

Dès le début de ces observations, j'éprouve le besoin de déclarer qu'elles n'ont rien qui vise et atteigne l'honorable M. Brunot. Par suite de considérations personnelles et de camaraderie d'école, il m'aurait été agréable d'apporter publiquement mon adhésion à sa thèse. Mais, tout en rendant hommage à la générosité de ses intentions, comme au talent qu'il a mis au service de ses idées, il m'est impossible de ne pas signaler le danger de leurs conséquences pratiques, le jour où, descendant des hauteurs métaphysiques de la spéculation, elles viendraient à prendre pied sur le terrain des applications légales.

C'est qu'en effet je ne saurais souscrire aux affirmations de M. Brunot sur la prétendue innocuité de la doctrine en général et de la doctrine solidariste en particulier.

A l'en croire, la doctrine serait inoffensive. Ce n'est pas elle, dit-il, qui engendre les guerres, les misères, les révolutions : tous ces maux proviennent du fait brutal, de l'insolence de la richesse, du contraste entre l'opulence et la pauvreté, en un mot de l'iniquité sociale.

Cette opinion me paraît contredite par tous les enseignements de l'histoire et de l'observation, qui démontrent d'une façon éclatante l'importance de la doctrine et le rôle qu'elle joue dans l'apparition et la marche des événements humains. C'est l'idée qui mène le monde, et, de nos jours, plus encore qu'autrefois, eu égard à la puissance de la presse et de l'opinion publique. Quand l'idée s'est emparée des cerveaux, elle ne tarde pas à passer dans les mœurs et dans les lois. L'idée peut être le flambeau qui éclaire, mais aussi la torche qui allume l'incendie : on n'a pas plus le droit de jouer avec l'idée qu'avec le feu. Alors même qu'on l'agiterait dans un salon portes closes, elle trouvera toujours moyen de s'échapper par les fenêtres ou par le trou de la serrure et finira par prendre contact avec la rue, où elle sera recueillie avidement par « ce grand logicien » qu'est le peuple, comme disait Félix Pyat, et qui se chargera de la traduire à sa façon.

Or, c'est cette traduction qui m'inquiète en ce qui concerne la solidarité.

La théorie insiste avec raison sur la part dont chacun de nous est redevable au passé. Elle devrait donc nous rendre modestes, puisqu'elle fait de nous des débiteurs presque insolvables. Mais ce n'est pas ainsi qu'elle apparaîtra aux yeux des malheureux, de ceux qui s'appellent eux-mêmes « les déshérités ». Ils reconnaîtront volontiers l'ampleur des avantages sociaux, la richesse de ce patrimoine commun que nous a légué le passé, dont nous sommes les fidéicommissaires passagers et que nous devons rendre à l'avenir agrandi et non seulement intact ; mais ils soutiendront aussitôt après que ce riche patrimoine a été accaparé par quelques privilégiés au détriment de la masse générale. A les entendre il y aurait là une grande iniquité sociale. Or, « il faut que la justice soit ! » Pour que la justice soit, il y a lieu à redressement de comptes. Voici le débiteur transformé du coup en créancier. Comme on ne peut établir avec précision ce compte de doit et d'avoir, chacun le fixera au gré de ses besoins, de ses appétits, et fera sommation à l'Etat de lui payer sa créance ainsi réglée.

Dans un pays de suffrage universel, où les masses profondes, retournant le mot de Louis XIV, peuvent dire : « l'État, c'est nous ! », elles seront dans cet apurement de comptes à la fois juges et parties, elles disposeront de la force pour l'exécution de la sentence rendue par elles et à leur profit. Aussi est-il à craindre que la facture ne soit démesurément grossie et que de prétendus créanciers ne soient tentés d'opprimer de prétendus débiteurs.

C'est bien, en effet, sous cette forme de dette de la société envers les individus, de dette sociale, que la doctrine frappe à la porte de nos codes. Il ne s'agit plus, par exemple, pour les vieillards et les infirmes sans ressources, de tendre la main vers le secours. Ce n'est pas une aumône qu'ils attendent de la société : c'est une dette qu'elle est tenue d'acquitter envers eux au nom de la solidarité sociale.

Ils exercent un droit vis-à-vis d'elle et ils ont un moyen de le faire valoir (1).

C'est là — il faut le reconnaître — une innovation d'une extrême gravité, et dont on a peine à mesurer du premier coup toutes les conséquences pratiques. Mais on ne peut s'empêcher d'être frappé de deux dangers que semble renfermer ce principe: le danger financier et le danger social.

Danger financier, d'abord. En proclamant cette dette sociale, en souscrivant cette lettre de change tirée sur lui,

(1) Voici les résolutions qu'à la date du 5 décembre 1902, la Commission parlementaire d'assurance et de prévoyance a formulées pour servir de base à ses travaux :

« I a Commission,

« Considérant qu'il est du devoir de la République d'instituer un service public de solidarité sociale ;

« Que la solidarité sociale diffère essentiellement de la charité en ce qu'elle reconnaît aux intéressés définis par la loi un droit et qu'elle leur donne un moyen légal de le faire valoir ;

« Que le principe de la solidarité sociale inspire et commande deux formes distinctes de réalisation, l'assurance et l'assistance :

« En ce qui touche l'assurance :

« Considérant que son but est de constituer à tous les membres de la nation dénommés les moyens de s'assurer, par leurs seules ressources personnelles une retraite de vieillesse et d'invalidité ;

« En ce qui touche l'assistance :

« Considérant que dans tous les cas où, pour une raison quelconque, un vieillard ou un invalide se trouve privé de toute ressource, le devoir strict de la nation est d'intervenir pour l'assister ;

« Considérant que la conclusion nécessaire de ces prémisses est l'obligation pour tous les membres de la nation de participer aux charges de la solidarité sociale ;

« Décide d'étudier la création, selon ces principes, d'un service public de solidarité sociale et de prendre pour base de ses travaux les deux rapports présentés au nom de la Commission précédente par MM. Brunot, Martin et Gueph, qui lui ont été renvoyés sous forme de proposition de loi. »

l'Etat assume une responsabilité redoutable, inconnue, illimitée, qui ménage au budget de fâcheuses surprises. La bienfaisance privée, qui aujourd'hui concourt si largement à l'assistance, supprimera ou du moins réduira ses sacrifices, puisqu'ils seront remplacés par l'impôt et puisqu'elle sera désormais rassurée sur le sort de ses assistés, dont l'Etat aura pris la charge. D'autre part, les cadres actuels du personnel assisté seront élargis au delà de toute prévision : tel, qui hésite à demander un secours, n'hésitera pas à exercer un droit et à exiger le paiement d'une dette légale.

Danger social, ensuite, par la diminution de la responsabilité personnelle. Du moment où il se sentira, quoiqu'il advienne, soutenu par l'Etat, garanti contre ses propres défaillances, il laissera certainement distendre son ressort moral, affaiblir sa résistance aux entraînements. Les prévoyants d'aujourd'hui deviendront les assistés de demain, ce qui accroîtra dans une proportion indéterminée les frais de ce service (1). On aura ainsi porté un coup funeste à toutes ces institutions qui avaient précisément l'objectif inverse : celui de restreindre le champ de l'assistance au profit de celui de la prévoyance en trempant le caractère, en développant l'énergie, en faisant appel à l'effort personnel.

En dépit des précautions les plus sincères, l'idée de la dette sociale et de l'irresponsabilité de l'assisté imprévoyant réagirait fatalement sur les courants qui alimentent aujourd'hui ces institutions de prévoyance, notamment les caisses d'épargne, la mutualité, dont le pays constatait avec orgueil

(1) A titre d'exemple des tendances à exploiter sans scrupules le budget, on peut citer le nombre chaque année grandissant des inhumations gratuites à Paris. Des familles, relativement aisées, obtiennent cette gratuité à l'aide de certificats d'indigence délivrés par complaisance et au grand détriment des finances municipales. Cet abus a dû être signalé par le Préfet de la Seine aux maires de Paris et par le Préfet de police aux commissaires de quartiers.

les progrès incessants, et dont l'Etat, lui-même, se proclame
à toute occasion le défenseur officiel.

Par une conséquence logique, cette idée acclimaterait
dans les esprits la foi dans le recours à l'Etat pour résoudre
tous les problèmes sociaux et garantir l'individu contre tous
les mécomptes de la vie.

M. Brunot, il est vrai, admet que « si le solidarisme fait
avec le socialisme une partie du chemin, il s'arrête à une
étape marquée et ne va pas plus loin ». J'ai peur que, malgré ses intentions prudentes, il ne soit pas loisible au solidarisme de s'arrêter en route, et que, remorqué par son
impérieux compagnon de voyage, il ne soit obligé d'aller
jusqu'au bout. S'il cède à cet entraînement presque irrésistible, il donnera, contre son gré, une nouvelle vigueur à la
poussée socialiste et collectiviste et servira de « cheval de
renfort » à ces systèmes séduisants, qui font entrevoir aux
yeux des masses populaires la perspective d'une Jérusalem
nouvelle où la vie serait douce et facile, sous la houlette de
l'Etat-providence.

Tel est le danger financier et social que comporte l'application du solidarisme dans l'état actuel des esprits. Mais si
l'on se reporte au passé et si l'on interroge l'histoire, on
peut imputer à cette même idée un autre danger, qui serait
l'inverse du premier, et qui menacerait cette fois l'individu
pauvre et défaillant, en l'envisageant comme débiteur et
non plus comme créancier.

M. Brunot lui-même nous a parlé de « la justice nette »
au lieu de « la justice brute », ce qui, dit-il, en recourant
à une image ingénieuse, équivaut au déplacement de zéro.
« Corriger, ajoute-t-il, par le déplacement de zéro, ou si
l'on préfère établir dans le bilan social la justice *nette* au
lieu de la justice *brute*, telle est la conception qui domine
toute la doctrine solidariste, tel est le sens des réformes
qu'elle poursuit. » De cette conception il déduit la subordi-
nation de l'égalité des droits individuels à la condition que

« chaque individu se soit libéré des redevances ou des obligations qui grèvent son propre droit », c'est-à-dire qu'il ait acquitté sa dette sociale.

On peut tirer de ces promesses, nous venons de le voir, des mesures de persécution contre les privilégiés de la fortune ou du talent ; mais on peut aussi les retourner contre les pauvres et les malheureux, le jour où, dans une autre conception, l'on voudrait les traiter en parasites du corps social.

Du moment, en effet, que nous vivons tous sous une dépendance réciproque, que chacun de nous a part au bénéfice des succès, des inventions, des vertus de ses coassociés, mais pâtit aussi de leurs fautes, de leurs vices et de leurs défaillances, l'Etat doit avoir, en bonne justice, le droit d'exercer un contrôle sur la conduite des citoyens pour les empêcher de dilapider une partie du patrimoine commun et de tomber à la charge du public. C'est la dette sociale vue de l'autre côté et retournée contre l'assisté. La Société ne peut pas accepter passivement la responsabilité de tous ces gaspillages, et, au nom de l'intérêt général, elle doit prendre des mesures pour les conjurer. Elle s'ingérera donc dans la vie privée des ivrognes, des paresseux, des débauchés, des oisifs, des indisciplinés, des vagabonds pour les contraindre au travail et à la sobriété, au besoin sous la menace de sanctions d'une extrême rigueur.

On l'a vue à l'œuvre sous un autre nom, cette forme particulière de la dette sociale. L'empire romain l'a pratiquée au moment de sa décadence et l'on sait les embarras et les dangers auxquels il s'est heurté pour assurer la subsistance du peuple par l'organisation de l'aumône et par ses collèges de naviculaires. L'ancien régime a hérité de ces maximes : en 1693, Louis XIV déclarait « que sa première attention devait être de procurer à ses sujets une subsistance facile et commode et qu'il ne voulait rien oublier pour remplir ce devoir si important ».

Cette intervention de l'autorité dans la vie privée pour alimenter le budget domestique par des prélèvements sur le budget public est toujours inquiétante : elle ne saurait être gratuite et elle a pour rançon la liberté de ceux qu'elle assiste. Si l'Etat se charge de ma nourriture, j'ai grandement à craindre qu'il ne soit tenté de m'asservir.

En un mot, cette théorie de la dette sociale est commode pour tous les despotismes, celui d'en haut comme celui d'en bas, suivant les mains qui détiendront le pouvoir redoutable de fixer le montant de la dette sociale et d'en exiger le paiement. Elle peut donc, à certains moments, menacer ceux qu'elle semble aujourd'hui protéger. Aux mains d'un Gracchus, elle peut frayer la voie au collectivisme ; mais aux mains d'un César, elle peut mener à l'asservissement du peuple, c'est-à-dire, dans les deux cas, au développement de la bureaucratie, de l'automatisme et de la passivité.

Le solidarisme rachète-t-il, du moins, ses dangers par des facilités nouvelles qu'il donnerait à l'essor des réformes ou à des organisations utiles dont la réalisation serait difficile, sinon même impossible, sans son concours? Il ne semble pas que les penseurs et les hommes d'action aient attendu cette nouvelle formule pour résoudre une partie des problèmes que le solidarisme inscrit à son programme.]

Ainsi, M. Brunot nous a parlé en termes excellents de l'article 340 du Code et préconise la recherche de la paternité. Mais il cite lui-même Le Play à l'appui de son opinion. Or, ce n'est pas assurément l'idée solidariste qui inspirait l'auteur de la *Réforme sociale*, et il est fort douteux que, s'il vivait de nos jours, il s'en montrât le partisan.

De même, les éloquents défenseurs de la solidarité demandent le développement des institutions coopératives et mutualistes. Mais ces institutions sont antérieures à leur propagande et peut-être même — je l'indiquais tout à l'heure — auraient-elles à souffrir du triomphe de la Dette sociale.

Si donc il y a dans le programme de la solidarité une partie qui appelle nos réserves et provoque nos inquiétudes. celle que nous accepterions volontiers n'appartient pas à cette théorie, ne lui est pas inhérente et pourrait même, contre la volonté de ses partisans, en recevoir de graves atteintes. -

Pour ne pas rester sur une négation — et c'est par là que je termine — je substituerai, avec la plupart des orateurs qui m'ont précédé, à cette doctrine solidariste, celle du *Devoir social* qui a parmi nous d'éloquents apôtres, prêchant à la fois par la parole et par l'exemple. Les adeptes du Devoir social, s'ils répudient la dette légale, proclament la dette morale vis-à-vis des vieillards, des infirmes, qui sont dénués de ressources et ne peuvent compter sur le secours de la famille ou de la bienfaisance.

Comme type de ces mesures d'assistance, on peut citer les dispositions de la loi belge du 10 mai 1900. Par son article 9, elle accorde « une allocation annuelle de 65 francs à tout ouvrier ou ancien ouvrier belge ayant une résidence en Belgique, âgé de 65 ans au 1er janvier 1901 et se trouvant dans le besoin. »

La même allocation doit être acquise, au fur et à mesure qu'ils atteindront l'âge de 65 ans, aux travailleurs âgés d'au moins 55 ans à la date du 1er janvier 1901, ce qui donne une durée de 10 ans à la période de transition.

Malgré la modicité des allocations et les restrictions dont elles sont entourées, ce service a coûté 11,450,000 francs en 1901, pour 176,155 vieillards en regard d'une population de 6 millions d'habitants.

Ces mêmes proportions conduiraient, pour notre pays, à une dépense annuelle de 72 millions et à un chiffre de 1,100,000 assistés. Le sacrifice serait naturellement augmenté dans le même rapport que l'allocation annuelle le serait elle-même, relativement à 65 francs.

Des mesures de ce genre ont, outre leurs effets directs,

l'avantage moral et social de séparer l'assistance de la prévoyance et de distinguer nettement les hommes debout et
les hommes tombés, qu'on ne gagne rien à confondre dans
une même organisation. Une fois rassuré sur ces derniers,
le législateur se sent plus à l'aise pour instituer le traitement qui convient à la clientèle sobre, capable d'épargne
et d'initiative privée, au lieu d'abaisser les solutions légales
au niveau de l'imprévoyance ou des chutes qui appellent la
tutelle et le secours. Il concilie aussi les devoirs de l'humanité avec le respect qu'il doit à l'association libre et à
l'effort personnel.

Ce devoir vis-à-vis des malheureux qui sont impuissants
à se suffire à eux-mêmes n'est pas seulement commandé par
le cœur et par l'amour de ses semblables : il l'est encore
par la raison et par notre indépendance de fait qui ne permet à aucun de nous de se désintéresser du sort des autres
membres de la cité.

Cette solidarité de fait est éclatante ; elle nous enlace de
toutes parts et les preuves s'en multiplient chaque jour
avec les progrès croissants de l'hygiène publique et de
l'économie sociale.

Je me bornerai à citer l'exemple de la maison insalubre.
Le taudis ne menace pas seulement la santé et la moralité
individuelle de ceux qui l'habitent : la santé publique, celle
des riches comme celle des pauvres, subit des assauts
meurtriers par l'invasion des germes que les bouges ré-
pandent dans l'atmosphère et qui s'en vont, chassés par
le vent, apporter jusque dans les somptueux hôtels des
quartiers opulents la contagion de la fièvre typhoïde et
de la tuberculose. De même, suivant le mot du docteur
du Mesnil, « c'est de l'héroïsme qu'il faudrait pour ne
pas contracter dans ces bouges la haine de la société. »
Qu'on le veuille ou non, toutes les classes sont solidaires et
se pénètrent réciproquement. Rattachés au passé et à
l'avenir, anneaux de la chaîne qui relie nos morts à nos

descendants, nous sommes aussi sous la dépendance étroite de nos contemporains. Les plus élevés d'entre nous sont exposés au contre-coup des misères et des souffrances que subissent les plus humbles, et ils peuvent être mis en péril à la fois par la double infection physique et morale qui suinte des murs du taudis. A défaut d'un sentiment plus humain et plus élevé, le souci de la conservation personnelle les oblige à s'occuper de tous les malaises sociaux pour s'abriter eux-mêmes contre le choc en retour qui pourrait les frapper.

En résumé, on a tout avantage à faire l'économie d'une théorie dont la traduction populaire est exposée à trahir les généreuses intentions de ses promoteurs. Le mieux est encore de s'en tenir à la vieille, mais toujours jeune, tradition de la charité entendue au sens de devoir social, sauf à la soutenir ou même à la suppléer pour ceux à qui elle ne suffirait pas, par la prime d'assurance contre les conséquences de notre solidarité de fait, c'est-à-dire par la notion de plus en plus reconnue et de mieux en mieux obéie de la préservation sociale, auxiliaire et complément du devoir social.

M. Eugène Rostand : — Après tant d'objections, si profondes, présentées de points de vue si divers, tout au plus il y aurait-il place encore pour deux ou trois observations très simples, de bon sens, dans les termes précis de la communication de M. Brunot.

La théorie se résume en ceci : quasi-contrat, dette sociale.

Tout de suite le bon sens répond : s'il y avait quasi-contrat, on ne demanderait pas des lois (et cependant, M. Brunot considère expressément le quasi-contrat comme un principe de lois), il ne serait besoin que de juges pour sanctionner les obligations dérivées du quasi-contrat.

Dans ce quasi-contrat, qui déterminerait la dette ? Les

créanciers. Par un des arguments les plus forts et les plus
justes qui aient été produits dans le débat, M. Paul Leroy-
Baulieu a dit : Qu'est-ce qu'un quasi-contrat dans lequel la
dette est déterminée par le créancier, et sans que jamais il
épuise son droit ? — Peut-être répondra-t-on : Non, ce n'est
pas le créancier qui détermine la dette, c'est tout le monde,
créanciers et débiteurs, puisque c'est l'Etat : par exemple,
dans la loi d'assistance pendante devant le Parlement, qui
introduit la doctrine comme un postulat dans la législation
par ces mots : « service de solidarité sociale » (art. 1), c'est
l'Etat, à tous les degrés, qui détermine la dette. Mais alors
c'est l'Etat qui devient l'arbitre de toute justice ? L'Etat,
c'est-à-dire non point une entité idéale, agissant avec perfection, mais des hommes élus par la masse, instables, ani-
més de l'esprit de parti ou de système, souvent injustes, de
la commune jusqu'au sommet. Et puis, dans une vaste démocratie où tout est électif, l'Etat ne revient-il pas tôt ou
tard à une représentation des créanciers ?

Dans ce quasi-contrat, qui désignera les créanciers ?
Comprenant la gravité de la question, M. Brunot répond
(p. 8) : « *ils ne sont pas désignés* ; jamais la doctrine n'a dit
« à qui que ce soit : Voilà ta créance, voilà ce que tu peux
« réclamer... A toute dette correspond une créance, le
« produit ira finalement à quelqu'un ; mais ce *quelqu'un*
« *reste indéterminé.* » Or, dès la première application
législative de la doctrine, — application qui s'est d'ailleurs
précisée, car le premier texte de proposition de loi de
M. Bienvenu Martin affirmait le devoir de l'assistance, non
le droit de créance, — les faits répondent à M. Brunot : la
loi de solidarité sociale détermine et désigne des créanciers ; elle attribue (et elle s'en vante) un droit positif de
créance à des catégories de personnes ; elle a substitué, pour
ces personnes, le mot *d'ayants-droit* au mot *assistés*. Il ne
restera plus qu'à les désigner nominativement, individuelle-
ment : la loi en charge des commissions administratives...

Pourquoi, après la créance d'assistance, n'en sera-t-il pas de même en tout ordre de créances ?

La doctrine ne repose pas sur un principe juridique : dès qu'on essaye d'appliquer celui qu'elle invoque, le terrain fuit, la doctrine se dérobe. Au vrai, quoiqu'elle parle de *dettes*, il s'agit simplement de *devoirs moraux* qu'elle prétend par la contrainte légale : 1° universaliser ; 2° rendre obligatoires.

Les lois auraient ainsi pour principe le sentiment, conception que notre éminent confrère, M. Boutroux, a admise par une analyse pénétrante, à deux conditions : que le législateur embrasse l'ensemble des droits et que la société démontre faire mieux que l'action libre de l'individu ou de l'association, deux conditions qui ne semblent pas pour faire croire la conception facilement réalisable. Mais, précisément, — et c'est encore une conséquence pratique bien digne de réflexion, — les lois qui s'appuieraient sur ce principe bien vague pour une législation, bien fuyant, bien périlleux, le sentiment, tendraient à tarir le sentiment, puisqu'elles substitueraient à l'*Aimez-vous les uns les autres* un immense fonctionnement social de *créances exigées avec une âpreté jamais satisfaite et de dettes payées sans sympathie.*

M. de Tarde : — Le but poursuivi par les auteurs de la doctrine dite de la solidarité est très louable. Ils espèrent établir un cran d'arrêt sur la pente qui mène au collectivisme. Ce but est-il atteint ?

La réponse négative n'est pas douteuse, il est clair que la doctrine solidariste telle qu'on l'entend verse dans le collectivisme. Si on part de ce principe que toutes les inégalités doivent être compensées, il n'y a pas moyen de s'arrêter à des demi-compensations. Il faudrait même, pour être pleinement logique, compenser les inégalités naturelles par des inégalités sociales inverses. On arrive aussi à la suppression de l'héritage, c'est-à-dire à la suppression de la famille.

Pourquoi n'atteint-on pas le but que l'on poursuit ? Parce que la théorie repose sur des idées contradictoires. La solidarité signifie l'harmonie sociale. L'idée du quasi-contrat social, c'est-à-dire de la dette sociale, signifie la lutte des classes.

Le meilleur moyen de troubler deux amis est de dire à l'un qu'il est le créancier de l'autre. Si on persuade aux uns, ce qui sera assez facile, qu'ils sont les créanciers des autres, et aux autres, chose plus malaisée, qu'ils sont les débiteurs des premiers, on est sûr de les mettre en guerre.

Il y a donc là des éléments contradictoires. Examinons ces deux idées séparément.

Je prends d'abord l'idée de solidarité. L'idée est juste et elle vient à son heure. Au fur et à mesure que se produit l'urbanisation de nos mœurs, on sent mieux les rapports d'interdépendance. Au point de vue de la criminalité, on voit chez les jurés et chez les juges une plus grande indulgence. C'est que les plus honnêtes gens se sentent, dans une certaine mesure, vaguement et involontairement complices des plus criminels. Il en est de même pour les privilégiés qui sentent aussi qu'ils ont une certaine part dans quelques-unes des causes qui font les déshérités. Mais cela ne veut pas dire qu'il y a lieu de supprimer des distinctions qui ont leur raison d'être.

La solidarité a pour certains esprits le précieux avantage d'être la charité laïcisée. A ce point de vue, nous ne gagnons rien au change et nous n'avons fait que substituer un mot juridique et froid à un mot tout imprégné de tendresse humaine. Mais la solidarité doit être conçue plutôt comme la charité mutualisée, celle qui fait sentir aux hommes qu'ils ont des devoirs réciproques. Du régime de la bienfaisance aumônière, on veut passer au régime de la bienfaisance mutualiste, et cette évolution est conforme à la loi du passage, en tout, de l'unilatéral au réciproque.

Si on remonte à l'origine des sociétés nous voyons sous sa forme la plus intense l'idée de solidarité se produire par l'esprit de clan. L'esprit de corps aussi en dérive. Le progrès social a consisté à désolidariser les hommes autant qu'à les solidariser. On a substitué à une solidarité intense et étroite, une solidarité plus faible mais plus étendue. A l'esprit de clan s'est substitué l'esprit de cité qui était moins violent mais plus étendu, et plus tard le patriotisme qui est le civisme à la fois adouci et élargi, l'individualisme croissant à mesure que la solidarité sociale s'étend de la sorte ; c'est dans ce sens que s'est fait le progrès social.

La solidarité qu'on nous propose tend, sans le vouloir, à retrécir le champ de la solidarité. La faute en est à l'idée du contrat social, du quasi contrat social qui en dérive, de la dette sociale qui a dénaturé l'idée. Cette idée du contrat social implique une erreur sociologique sur l'origine et la nature du lien social. On part de cette conviction que le lien social résulterait d'un contrat passé entre adultes. Un lien social pareil serait des plus faibles. Il suppose vaguement des adultes qui librement ont choisi la société où ils sont entrés et on en déduit la présomption que, s'ils n'avaient pas cru y trouver équivalence de services reçus et rendus, ils n'y seraient pas entrés. Le lien social se crée tous les jours par un mode d'entrée tout à fait différent, l'entrée infantile. Nous n'avons pas plus été libres de naître européens et français que nous ne l'avons été d'être vertébrés ou mammifères. La véritable présomption consiste à dire que si on avait eu à choisir entre naître ainsi, être ainsi, et ne pas naître, ne pas être, on aurait choisi malgré tout la naissance, l'existence. En naissant, si déshérité que nous soyons, nous avons hérité physiologiquement du labeur des générations antérieures qui ont formé l'espèce humaine. Sociologiquement nous avons hérité des progrès sociaux antérieurs, nous avons donc tous hérité, tous solidaires en

ceci, et nous sommes tous co-débiteurs, mais envers qui ?
Où sont-ils, ceux qui ont fait les grandes inventions ? Où
sont-ils ceux qui, brin à brin, ont fait la langue que je
parle, les connaissances que je sais, les aliments qui me
nourrissent, les vêtements qui m'abritent, les outils dont je
me sers, les gloires et les arts de ma patrie, dont je suis
fier ? Ils sont morts. C'est donc envers ces morts que nous
sommes redevables, et aussi envers la postérité.

C'est pour avoir méconnu cette solidarité des générations
successives, point de vue éminemment sociologique, et
n'avoir eu égard qu'à la solidarité des vivants, que les solidaristes se sont si étrangement abusés. Nous devons transmettre à la postérité, intact et grossi, le legs que nous
avons reçu.

Il y a souvent des inégalités trop grandes entre l'héritage
des uns et celui des autres et cela est un mal dans la mesure
où cela n'est pas la condition d'un bien nouveau. Si nous
voulons chercher à corriger ces inégalités, prenons garde
d'aboutir à un résultat inique. D'après la doctrine solidariste, ce serait l'État qui serait chargé de faire cette liquidation entre les créanciers et les débiteurs. Or, comme ce
serait, soit le parti des créanciers, soit le parti des débiteurs qui serait au pouvoir, la liquidation serait faite injus-
tement. Qu'on ne vienne pas me dire dérisoirement que
l'État est présumé être le mandataire de tous pour opérer
cette liquidation et que les expropriés seront censés avoir
donné d'avance leur assentiment à leur expropriation. C'est
comme si on disait que le guillotiné a consenti d'avance à
subir son supplice.

Il faut considérer deux sortes d'inégalités, d'injustices.
D'abord l'injustice provenant du progrès qui amène des
inégalités entre les générations successives, les fils pro-
fitant même des catastrophes subies par leurs pères ; et puis
il y a l'injustice provenant de la répartition de l'héritage
commun entre les vivants. Or plus la première injustice

s'accroît, c'est-à-dire plus le progrès s'accélère, et plus la seconde est facile à supporter. Les enfants d'un milliardaire ont beau être inégalement traités, le plus mal partagé d'entre eux ne sera pas encore à plaindre et son intérêt comme celui des autres est d'empêcher que par leur discorde l'héritage commun soit compromis. Les grandes nations, la France, l'Allemagne, l'Angleterre, etc. sont aussi de grands milliardaires qui ont des biens à distribuer entre leurs enfants, et l'intérêt des enfants est avant tout que cet héritage ne soit pas compromis par leurs discordes, que leurs débouchés au dehors et leur crédit national se conservent et s'accroissent. A quoi servirait à des grévistes une nouvelle répartition des produits de l'industrie si l'industrie venait à mourir? Si on superpose maintenant (car il s'agit de *superposer* et non de *substituer*) à la solidarité nationale la solidarité internationale, j'ajouterai que l'immense et suprême intérêt des peuples civilisés, dans toutes les classes, est le réglement pacifique de leurs différends.

Ce que nous rêvons, c'est le progrès social. A cet égard, le solidarisme commet une erreur capitale. Son postulat est que l'inégalité naturelle ou sociale est un mal et qu'on ne doit respecter la première que parce qu'on ne peut pas l'empêcher. Ce postulat est en contradiction avec tout ce que la biologie et la sociologie nous ont appris. D'après les transformistes. la première condition du progrès vital c'est la variation et l'inégalisation spontanée des individus. D'après les anthropologistes, l'élévation des races humaines doit se juger moins d'après le niveau de leur moyenne que d'après le faîte des plus hautes individualités. Celles où l'écart entre les plus hauts génies et les plus bas cerveaux est le plus grand, est la plus noble. Aussi bien que l'inégalité des aptitudes, l'inégalité des circonstances importe au progrès social ou vital. C'est dans les pays les plus accidentés que la flore est la plus riche et c'est dans les états sociaux les plus pittoresques (Grèce antique, Europe moderne) que l'inventivité est la plus féconde. L'inégalité des fortunes rentre dans l'inégalité des circonstances. Il faut pour le progrès que les chances soient inégales ; cette inégalité des chances, des fortunes, des conditions initiales se justifie en grande partie soit en tant qu'elle est la suite et la conséquence de l'inégalité salutaire des aptitudes, soit en tant qu'elle favorise le développement des aptitudes les plus hautes, c'est-à-dire les découvertes et les inventions. Toute vérité, toute utilité, toute beauté nouvelle trouvée par un individu plus favorisé tend à se généraliser, à élever le niveau de la masse. Aussi le privilège des privilégiés devient contagieux tandis que le désavantage des individus moins favorisés ne l'est pas. Si le continent asiatique est le plus vaste, c'est parce qu'il possède la plus haute montagne. Si l'Himalaya était moins haut le territoire serait moins grand. L'Himalaya est à l'Asie ce que les milliardaires sont aux Etats-Unis.

Il n'en est pas moins vrai que certaines inégalités, et en grand nombre, sont excessives et stériles ; celles-là on doit tendre à les effacer, mais en se gardant bien de supprimer les inégalités fécondes et ici il faut faire une distinction que l'on peut faire en s'appuyant sur l'idée de solidarité, mais non en s'appuyant sur l'idée de quasi-contrat. Autre chose est de laisser se produire l'inégalisation naturelle de certains biens, autre chose est de supprimer autant que possible certains maux tels que la misère de l'infirme ou du vieillard ou l'ignorance de l'enfant. Tout développement possible de l'assistance, de l'assurance, de l'instruction doit être applaudi de nous tous. On peut se solidariser jusqu'à un certain point pour la mutualisation des mauvaises chances, mais il ne faut pas parler de dette sociale et se solidariser pour la suppression des bonnes chances nécessaires au progrès de l'humanité. Ainsi comprise l'idée de solidarité dégagée de l'idée de quasi-contrat pourrait fournir un cran d'arrêt entre le libéralisme ancien et le socialisme, car on peut ne se solidariser que jusqu'à un certain point tandis qu'on ne pourrait pas s'arrêter sur la pente où nous mènerait le principe posé par la théorie de la dette sociale c'est-à-dire de la nécessité du nivellement.

M. Glasson. — J'arrive le dernier dans cette discussion ; telle est bien la place qu'il convient à un jurisconsulte de prendre. Si l'on avait dû se borner à discuter des questions d'ordre social, je n'aurais demandé la parole que pour déclarer mon incompétence ; mais M. Brunot, dans son très remarquable mémoire, a fait des allusions au Droit et a cité notamment le Code civil.

Il fonde une partie de la théorie solidariste sur l'idée de quasi-contrat et a cité des parties du Droit civil qui, suivant lui, peuvent s'adapter aux questions sociales. Il est clair que si la doctrine socialiste peut s'appuyer sur notre droit actuel, elle a un argument sérieux. Y a-t-il un quasi-contrat social ? M. Brunot l'affirme, et cette affirmation offre au moins l'avantage de se ramener à la négation de l'existence d'un contrat social. On arrive ainsi à réfuter les doctrines de Jean-Jacques Rousseau. Mais on ajoute qu'à défaut de contrat il y a un quasi-contrat, et on prétend le fonder sur des notions juridiques. On affirme que le mot quasi-contrat est pris dans le même sens que dans le droit civil. C'est ce que je conteste.

Je crois qu'il faut, pour se rendre un compte exact des choses, remonter aux jurisconsultes du droit romain qui ont créé le quasi-contrat. Comment l'entendaient-ils ? Je répond d'abord à cette question que la théorie du contrat était chez les Romains très différente de ce qu'elle était dans notre ancien droit et de ce qu'elle est dans notre droit actuel. Les contrats étaient énumérés par la loi elle-même, on ne pouvait pas sortir de cette classification. Aujourd'hui le nombre des contrats est indéfini.

Les jurisconsultes romains avaient remarqué qu'il y a certains faits qui ressemblent à différents contrats, par exemple le fait de s'immiscer dans la gestion du patrimoine d'autrui, et qui est un acte semblable à celui d'un mandataire. C'est un fait volontaire, licite, un service qui est rendu et qui ressemble par ces côtés à un contrat. Celui qui fait un paiement indû à quelqu'un oblige la personne qui le reçoit à rendre ce qui ne lui était pas dû. Voilà encore un quasi-contrat qui ressemble à un contrat.

Bien qu'un fait ne ressemble pas à un contrat, il peut encore arriver qu'on soit obligé, mais alors on est tenu en vertu de la loi qui l'a dit, et non en vertu d'un quasi-contrat.

Si on demandait aux jurisconsultes romains : Peut-il y avoir quasi-contrat là où il n'y a pas de contrat analogue, ils répondraient négativement, et par conséquent si le problème soulevé de notre temps leur avait été soumis, ils n'auraient pas manqué de dire qu'il ne peut pas y avoir de quasi-contrat social, parce qu'il n'existe pas de contrat social.

Si nous examinons maintenant les doctrines des anciens jurisconsultes français, nous verrons qu'elles sont différentes. Ils ont modifié le droit romain. Pour eux le nombre des contrats n'est pas limité. Quant aux quasi-contrats, ils ont repris la théorie du droit romain en lo dénaturant. Ils admettent des quasi-contrats basés sur l'équité et le nombre en est indéterminé. Cette théorie de l'ancien droit était d'une application facile à une époque où il n'existait pas de code civil.

Les juges avaient un pouvoir d'appréciation qu'ils n'ont plus aujourd'hui.

L'idée de quasi-contrat devint dès lors imprécise, vague.

De nos jours, nous avons repoussé la théorie romaine, nous n'avons pas non plus admis que le juge pourrait statuer au nom de la seule équité, nous avons un code qui trace aux juges l'étendue de leurs devoirs. Comment dans ces conditions, le quasi-contrat pouvait-il exister dans notre droit civil ?

Les rédacteurs du code civil ont repris les quasi-contrats empruntés au droit romain, mais ils n'ont pas admis la théorie de notre ancien droit, l'équité ne suffît pas pour créer des quasi-contrats.

L'article 555 du Code civil, par exemple, suppose qu'il a été élevé des constructions sur le sol d'autrui et détermine les cas dans lesquels le propriétaire pourra exiger la suppression de ces constructions ou les conserver, à charge de payer des indemnités au constructeur. Si ces dispositions n'existaient pas, le juge serait souvent bien embarrassé pour trancher ces questions, car il n'y a plus ici quasi-contrat, l'obligation d'indemniser le constructeur a sa cause dans la loi.

M. Brunot pense qu'il y a au point de vue social un quasi-contrat identique à celui qui se forme entre des co-héritiers qui possèdent un patrimoine commun dont on doit acquitter les dettes. Pour M. Brunot, la situation des membres de la société est la même. Je réponds : La situation est tout à fait différente. D'abord, entre co-héritiers cette situation est le résultat d'un fait volontaire, l'acceptation de la succession. Au point de vue social, c'est le contraire qui est vrai. Nous naissons dans la société, bon gré mal gré. Il ne faut pas dire que nous sommes libres de faire partie de la société ou de nous en retirer. M. Brunot ajoute qu'on voit en effet tous les jours des personnes s'expatrier.

Entendons-nous bien ! On change de nationalité, mais ici il s'agit de la société ! On ne peut pas changer de société ; il n'est pas sérieux de dire que nous pouvons nous retirer dans une île déserte.

Il y a encore une autre différence : dans une succession, les droits des co-héritiers sont identiques ; ces héritiers ne sont ni créanciers ni débiteurs les uns des autres, ou, si l'on préfère une autre formule, ils sont tous créanciers et débiteurs réciproques les uns des autres. Ici, c'est le contraire, il y a des créanciers et des débiteurs.

Quels sont les créanciers ? quels sont les débiteurs ? Lorsque, dans une succession, un héritier a augmenté le patrimoine commun, ses co-héritiers lui donnent des indemnités.

Ici, les grands bienfaiteurs de l'humanité ne sont pas les créanciers, ils deviennent les débiteurs.

Les créanciers sont ceux qui n'ont rien produit ; c'est le contraire de ce qui se passe entre co-héritiers.

En dernier lieu, si une difficulté s'élève entre co-héritiers, qui va trancher la difficulté ? Ce sont les tribunaux.

Ici, je suppose un désaccord entre créanciers et débiteurs sociaux, par qui la solution sera-t-elle donnée ?

Dans un pays qui a environ 10 millions d'électeurs, il y en aura bien 9.500.000 qui n'auront pas augmenté le patrimoine social. Est-ce que ces questions vont être tranchées par tous les électeurs ?

Alors elles sont résolues d'avance. Les 9.500.000 électeurs qui n'ont rien produit les trancheront à leur profit. Ne dites pas qu'ils seront guidés par un grand esprit de justice. Je n'en crois rien. On voit dans des articles, dans des brochures, dans des discours, revenir à chaque instant un mot qui n'est pas académique, mais qui exprime bien les pensées de ceux qui l'emploient : « Il faut taper sur les riches. » Si vous voulez établir dans la société deux catégories différentes de citoyens, il ne faut pas que ce soient les débiteurs et les créanciers qui tranchent la question de la dette sociale et de son montant, et qui en fassent la répartition. On ne doit pas être juge et partie dans sa propre cause : les citoyens créanciers de la dette sociale qui forment l'immense majorité, écraseront la minorité composée des débiteurs de cette dette. Si vous voulez une autorité indépendante, il faut que vous ayez un juge suprême, un homme que vous appellerez un grand pontife, si vous voulez, dont les décisions seront sans appel. La théorie de M. Brunot conduit tout droit au pouvoir absolu au lieu de laisser l'autorité entre les mains de la démocratie et du suffrage universel dont elle compromet l'existence.

Je n'en dirai pas davantage sur ce point si grave de la question sociale, n'oubliant pas que je suis jurisconsulte et non publiciste politique.

Je ne puis m'empêcher de rappeler ce mot d'Henri IV aux membres de son Parlement qui venaient lui présenter des remontrances au sujet de questions concernant l'État : « Messieurs, leur dit-il, je vous ai nommés pour vider les procès entre Pierre et Paul, tenez-vous-en là. » Nous autres jurisconsultes modernes, nous ferons aussi acte de sagesse si nous nous en tenons au Code civil, car en passant ses frontières nous risquons de nous égarer dans des territoires inconnus.

M. René Stourm : — Je voudrais, à cette fin de discussion, m'attacher exclusivement à l'interprétation de la formule « nous naissons débiteurs » qui paraît constituer, d'ailleurs, la base des revendications poursuivies au nom de la Solidarité.

Pour éviter les redites, je n'insisterai pas sur le point déjà mis en lumière de l'incertitude du *chiffre* de la dette.

Ce sont les *éléments* seuls du compte de solidarité, et non les chiffres, que je vais examiner.

Car c'est bien un compte que la doctrine solidariste ouvre à chaque membre de la Société, *au débit* duquel figure ce qu'il doit à ses concitoyens en retour des dons gratuits que lui a procuré l'état social préexistant.

Mais puisque c'est un compte, un compte rigoureux, qui doit se solder par un versement effectif, à côté du débit n'y a-t-il pas lieu d'ouvrir la colonne du *crédit* ? Voilà la question que j'ai le droit de poser puisqu'encore une fois il s'agit d'un compte aboutissant à une contrainte. Ne faut-il rien porter au *crédit* de ce compte ?

Comment ! Voilà un inventeur qui, par ses découvertes, rend à la société des services dont elle profitera longtemps, qui, comme on le dit couramment, *enrichit le patrimoine national*, et rien ne serait porté à son crédit !

Il suffit de citer quelques noms, pour que chacun découvre immédiatement de quels bienfaits la société est *redevable* à ces hommes que la reconnaissance publique précisément continue à proclamer illustres :

Bernard Palissy, Arkwright, Jacquard, Papin, Fulton, Parmentier, Chappe, Sax, Franklin, Daguerre, Niepce, Jenner, Pasteur.

Non seulement, puisqu'il y a compte, on ne peut refuser de remplir largement pour eux la colonne du crédit, mais leur débit même doit être singulièrement réduit. Car, si la société leur a procuré un niveau de connaissances générales perfectionnées, que d'obstacles de toute nature ne leur a-t-elle pas opposés ! Les débuts des inventeurs sont de véritables martyrologes.

La famille, l'entourage, les amis s'unissent contre lui, contrarient ses efforts, s'opposent à ses projets. La pauvreté, le milieu obscur, les railleries du public, les conseils des hommes qui disent : « Croyez-en mon expérience », l'envie, la routine, l'ignorance, l'intérêt des détenteurs du *statu-quo*, etc., tout se coalise contre l'inventeur. Aussi quelle histoire lamentable fut celle de sa jeunesse !

Et vous voudriez lui opposer quand même sa pleine dette envers cette société, contre laquelle il a lutté avec une héroïque obstination, malgré laquelle le plus souvent il a triomphé !

D'ailleurs, après le succès, lorsque l'inventeur a réussi à doter le monde d'un bienfait inestimable, les valeurs inscrites à son actif comme il a été dit débordent tellement sur son passif que peu importe, en définitive, à quel chiffre ce dernier aura été maintenu !

Si j'ai cité l'exemple de l'inventeur, c'est uniquement pour mieux mettre en relief ma pensée, qui s'étend à une classe beaucoup plus nombreuse.

Car, en dehors des hommes exceptionnels dont nous venons de parler, il en existe heureusement un très grand nombre d'autres consacrant plus modestement leur vie à des actes utiles, passant sur la terre en y faisant du bien, restituant ainsi largement à la société ses bienfaits primitifs. Sans égaler Pasteur, ou Jenner, ou Fulton, chacun de nous peut remplir ses devoirs, travailler et produire, propager les bons exemples et les grandes idées et, nous le répétons, car cela est essentiel, arriver ainsi à rendre à la société autant et plus qu'il n'a reçu d'elle.

Beaucoup de comptes, dès lors, se soldent d'emblée au débit et au crédit par les seuls mérites du titulaire. On pourrait même dire que tous devraient se solder de la sorte.

En résumé, la rigueur même des principes de la solidarité, exige que sa comptabilité nouvelle, comme toute comptabilité, ouvre une colonne à l'actif aussi bien qu'au passif, afin de lui permettre de balancer ses éléments, c'est-à-dire de compenser les dettes avec les services rendus. Sinon, sous couleur de justice, on verrait s'organiser la plus formidable injustice.

Et s'il était démontré que les bases manquent pour dresser des comptes dans de telles conditions, le mieux serait de renoncer à décréter une chimère irréalisable.

Maintenant, reprenant la proposition citée au début « *Nous naissons débiteurs* », allons-nous la repousser entièrement, en déclarant que l'homme, même en société, naît libre de tout lien ? C'est sur ce point, qu'en terminant, la réflexion s'exerce au profit d'une thèse, de la seule thèse, semble-t-il, qui soit légitime.

Nous naissons au sein d'une société organisée. Y a-t-il eu à l'origine contrat social, ou quasi contrat, je ne sais, mais le fait est là : *nous naissons au sein d'une société organisée.*

Que devons-nous alors à cette société organisée, à cette famille, à ce corps auquel nous appartenons ? Nous lui devons de le maintenir, de le soutenir, de le faire durer jusqu'à nos successeurs, comme nos prédécesseurs l'ont fait durer jusqu'à nous. Nous devons collaborer au maintien de la société au sein de laquelle nous sommes nés.

Or, « l'Etat ne saurait se soutenir si ses sujets ne le sou- « tiennent. » Il faut donc que nous soutenions l'Etat, si nous voulons le voir subsister.

Comment ? Par le moyen d'une contribution prélevée sur les revenus de chacun de nous.

Et cette contribution, quel sera son montant ? Il sera réglé non plus d'après le résultat d'un compte imaginaire, mais proportionnellement aux facultés individuelles.

La théorie de l'impôt retrouve ici sa justification rationnelle.

Tout devient clair :

Le but est manifestement indiqué.

Le créancier expressément dénommé.

La quantum de la dette nettement précisé dans ses bases.

Le motif des dettes et créances clair à tous les yeux.

« L'Etat ne saurait se soutenir si ses sujets ne le sou- « tiennent. » Voilà ce qui spécifie, sans contestation possible, les devoirs et les obligations des citoyens réunis en société.

Sans doute cette solution diffère de celle qui nous a été exposée. Sans doute, la formule « nous naissons débiteurs » n'a plus ici la portée que lui attribuait le rapport qui nous a été lu. C'est autre chose. Mais on peut avouer que c'est suffisant. La contrainte que représentent le fisc et la caserne sont déjà assez exorbitants, surtout depuis que l'Etat excède les limites de ses attributions, pour qu'il n'y ait pas lieu d'y ajouter encore la contrainte d'une soi-disant créance innée résultant du débit d'un compte sans crédit qu'aucune comptabilité ne saurait admettre.

Séances des 6, 13, 20 et 27 juin 1903.

TABLE

Orléans. — Imp. Paul Pigelet.